社会参画する大学と市民学習

Assessing Service-Learning
and Civic Engagement
PRINCIPLES AND TECHNIQUES

アセスメントの原理と技法

S. ゲルモン　B. A. ホランド　A. ドリスコル
A. スプリング　　S. ケリガン　　　著

山田一隆　監訳
市川享子　齋藤百合子　福井里江　村上徹也　中原美香　訳

学文社

ASSESSING SERVICE-LEARNING AND CIVIC ENGAGEMENT
by Sherril B. Gelmon, Dr. P. H. Barbara A. Holland, Ph.D.
Amy Driscoll, Ed. D. Amy Spring, M.P.A. & Seanna Kerrigan, M. Ed.
Copyright ©2001 by Campus Compact
All rights reserved.

Japanese translation rights arranged with
Campus Compact in Boston
Through The Asano Agency, Inc. in Tokyo.

訳者はしがき

　本書は，Gelmon, S. B., Holland, B. A., Driscoll, A., Spring, A. and Kerrigan, S. (2001). *Assessing Service-Learning and Civic Engagement: Principles and Techniques.* の第3刷（2009年，以下，「原著」という）の全文の邦訳である。

　大学は，「指導の提供機能をもつ機関」から「学びの創出をデザインする機関」へと変化が求められており，知識は獲得から応用へ，指導法は積み上げ型から共同型へ，学生の学びは受動的から能動的へ，と促され，散発的な改革よりも継続的な改善が求められるようになってきている。そのなかで，アセスメント（評価）は，学生の学びを向上させ，プログラムの継続的な改善を促すように実施されることはいうまでもない。大学機関における持続的な推進と支援の体制を強化するはたらきかけや，教員の昇任や任期解除といった採用や人事考課，大学認証機関や地域の経済社会，寄付者に対する説明責任，の場面でも活用される。つまり，サービスラーニングをアセスメント（評価）するということは，それにかかわる関係者それぞれに継続的な関与を促し改善を要請する。サービスラーニングがシビックエンゲージメント（市民的社会参画）の有力な戦略として位置づけられるのは，それが，学生の学び，教員の研究，機関としての社会貢献，という大学のなかでの異なる位相で社会連携・地域連携を実践していく誘因になるからである。

　本書は，ポートランド州立大学でのサービスラーニングとそのアセスメント（評価）に関する実践を教訓として，関係者への効果をアセスメント（評価）する方略を，先行研究のレビューとともに具体的な方法論を提示している。同大学は，米国で最もサービスラーニングに積極的に取り組んでいることで，近年，わが国でもよく知られた存在となりつつある。また，本書では，サービスラーニングが，シビックエンゲージメント（市民的社会参画）の有力な戦略として位置づけられている。わが国の文脈と重ね合わせれば，高等教育機関がもつ知的基盤を生かした社会連携・地域連携において，サービスラーニングが果たす役

割が大きいという視点である。

　わが国では，1991年の「大綱化」以降，1998年の大学審議会答申「21世紀の大学像と今後の改革方策について」を嚆矢として，中央教育審議会は，高等教育に関して，2005年に「我が国の高等教育の将来像」，2008年に「学士課程教育の構築に向けて」，2012年に「新たな未来を築くための大学教育の質的転換に向けて」をそれぞれ答申している。そのなかで，知識基盤社会における教養教育の再重視や，各大学の諸条件に応じた機能分化の促進が要請されている。また，学生層の多様化にともなって，学生の主体的学習意欲を惹起する必要性の高まりから，能動的学修（アクティブラーニング）を推進するために，教育上の工夫がなされることも要請されている。なかでも，チームで取り組む協調・協同学習や，知識の応用と再構築が求められる課題解決・探求学習，また，授業外学習時間を確保する観点から，事前学習，事後学習をともなうサービスラーニングなどの教室外での活動をともなう学習プログラムへの期待感はとりわけ高いといえる。

　いわゆる「GP事業」では，地域経済社会の課題解決を志向した取組みが多く採択された。学生に経験を積ませる学びの場を地域に求めたことは，高等教育機関にとっては，社会連携・地域連携の有力な戦略としても意義を見出すことにもなった。それに続く「COC事業」は，地域に根差した学びを中心に，教員の研究，大学の在り方にもおよぶ改革を加速させ，地域活性化の中心的役割を大学に担わせようとしたものとみることができる。高等教育の現場にとっては，教室外活動をともなう学習活動における「成果」をエビデンスによって「見せる化」する苦悩に，地域やそこに住む人々，活動する団体，組織にとっては，教場の「提供」を越えて，互恵性をもって大学と連携する意義と戦略，いわば活性化する地域とは何かを考える契機に，それぞれ向き合うことになったといえる。

　原著邦訳の取組みは，サービスラーニングをはじめとする教室外活動をともなう経験教育に携わる研究者，実践家の，安定した効果測定が必要であるとの共通した問題意識を出発点としている。目の前にある学生たちの生き生きとした学びを「見える化」するにはどうしたらいいのか。あるいは，学生の学びと

成長をもう一段の高みへ引き上げるプログラム改善のための体制づくりや，そもそもサービスラーニングの普及のためには，どのようなエビデンスの組み立てが必要なのか。私たちは，早い段階で，方法論的には省察を惹起する継続的で効果的なアセスメント（評価）の仕組みが必要であるとの認識を共有するようになった。そして，この課題は，本書の訳者たち数名の範囲にとどまらないと考えている。

　本書は，学習成果測定や機関調査，社会連携・地域連携に携わる高等教育機関の担当者や，大学連携に携わる行政や地域経済社会の団体，中間支援組織などの担当者の実務や実践に供することを意図していることは言うまでもない。さらに，それと同じぐらい，サービスラーニングをはじめとする教室外活動をともなう学習・教育活動の担い手，つまり，一人ひとりの学生や大学教員，現場の地域の方にも，各々の活動を省察的にアセスメント（評価）する契機となることを意図している。なお，訳出過程での論議や概念整理を読者と共有すべく，「本書におけるキーワード解説」のかたちで次ページ以降にとりまとめた。本書を読み進める際に，理解を促す手助けになれば幸いである。本書を通じて，多様な読者と訳者，読者相互がつながり，サービスラーニングの効果測定に関する対話と参画の地平が開かれることを願ってやまない。

2015年6月

訳者を代表して　山田　一隆

本書におけるキーワード解説

　原書の翻訳にあたり，いくつかの重要なキーワードの解釈について，読者の理解の一助となるよう，訳者および協力者が議論を重ねたプロセス，考え方をまとめ，解説する。したがって，本書に限定した用語解説であることをご承知おきいただきたい。

Service-Learning〔サービスラーニング〕　　「経験主義教育」を提唱した米国の教育学者デューイ（John Dewey：1859-1952）が源流といわれる，学習と社会に貢献する活動を意図的，計画的に結びつけて行われる教育手法。サービスラーニングは，1980年代の米国に蔓延した若者のミーイズム（自己中心主義）への対抗策として，市民教育を強化する必要に迫られた高等教育，初等中等教育の現場に急速に広がった。サービスラーニングの定義には幅があり，最も狭義の解釈は，「学校の教科学習と学習者による社会に貢献する活動が，教育課程のなかに正式に位置づけられて実施されるプログラム」である。最も広義の解釈は，「教育的目的で行われる社会に役立つ活動が，やりっ放しでなく，最低限，振り返りの場面をともない実施されるプログラム」である。

Assessment〔アセスメント（評価）〕　　本書では，サービスラーニングに関連して行われる評価は，結果をその時点の一瞬で評価するのではなく，形成的かつ継続的に行われる循環的（PDCA）評価であると強調されている。とくに本書におけるAssessmentは，個人評価ではなく，学習者，教員，地域，大学が水平的に成果を評価し合うプログラム評価を意味している。そこで，本書においては，Assessmentというキーワードを，形成的で水平的な作業が発展的に行われるという意味で，「アセスメント（評価）」と訳している。

Civic Engagement〔シビックエンゲージメント（市民的社会参画）〕　　本書では，Civic Engagementを，「シビックエンゲージメント（市民的社会参画）」と訳している。このキーワードは，米国において個人の行為に当てはめて使われる場合もあれば，団体や組織などの取組みに当てはめて使われる場合もある。とくに，本書では，後者の使われ方がされている。それは，大学という機関のもつ社会的責任の一環として行われる社会貢献や地域連携，さらにはサービスラーニングなどのさまざまなアクティブラーニングなども包含した枠組みを意味している。サービスラーニングが，高等教育機関の社会的存在意義を高める戦略に寄与する重要なプログラムとして位置づけられていることを強調するねらいをもって，本書では，シビックエンゲージメント（市民的社会参画）が使用されている。

Campus Compact〔キャンパス・コンパクト〕　原書の出版元であるキャンパス・コンパクト（Campus Compact）は，大学生たちのミーイズムが，メディアなどにより批判的に大きく取り上げられるようになったことを背景として，ブラウン大学，ジョージタウン大学，スタンフォード大学の学長たちと州政府教育委員会連盟の会長が中心となり1985年に設立した大学連盟組織である。キャンパス・コンパクトは当初，民主主義の担い手を育む大学の役割として，学生たちのボランティア活動を促進するよう仕向けたが，大学のカリキュラムと関連しないボランティア活動を組織的に推進する大学は少なかった。そこで，キャンパス・コンパクトは1989年から「学問と社会貢献活動の統合促進事業（Integrate Service with Academic Study）」を開始した。この事業をきっかけに，キャンパス・コンパクトの役割は，単なる学生たちのボランティア活動の奨励から，サービスラーニングの推進へと転換された。現在，キャンパス・コンパクトは，全米の1,100以上の高等教育機関が加盟するネットワーク組織として，研修，調査研究，出版，情報発信などを通じて高等教育段階のサービスラーニングを推進している。

Reflection〔振り返り，省察，リフレクション〕　本書を注意深く読んでいただくと，原著でReflectionという一語で表現されていると推察される箇所が，章によって振り返り，省察，リフレクション，と一語に統一されずに訳されていることに気づくかもしれない。サービスラーニングに関連して使われるReflectionというキーワードをどう解釈するかについて，訳者間の議論では揺れがあり，訳語の統一をひかえた結果である。しかし，そこに込められた意味については，単なる反省に止まらず，内省を伴いつつも，社会に対する批判的考察を行い，さらに次の行動の発展や充実を図る循環的な個人およびグループによる学習プロセスであるという点では一致している。

Service〔貢献活動〕　邦訳することがとても難しい，悩ましいとされる言葉である。各章の翻訳担当者からの初稿でも，「社会貢献活動」「奉仕（活動）」「サービス（活動）」などに訳出されていた。さりとて，Serviceは原書のキー概念のひとつであり，訳語を統一できないかとの検討を進めた。Serviceの語源や語意の広がりにも配慮しつつ，初稿で提案された訳語が日本語のなかでもつ意味や「色」にも配慮した。真に主体的な行為なのか，社会との水平的な関係性という意味を乗せるべきではないか，といった論点に，それぞれの立ち位置を反映した鋭くて真摯な論議があった。そのうえで，本書では「貢献活動」という訳語に統一することにした。誰もが納得する十全の訳語とはいえないかもしれないが，それゆえに，Serviceとは，立場を超えて，ある種の「魔力」と「魅力」をもっていて，問題意識を内在しながら向き合わされる言葉なのだと改めて感じた。

（村上徹也）

目　次

訳者はしがき　　i
本書におけるキーワード解説　　iv

▶ 序 ………………………………………………………………………… 1

▶ アセスメント（評価）の原則と方略：概説 …………………… 7
　アセスメント（評価）の文脈　7／なぜアセスメント（評価）を行うのか　9／サービスラーニングと「社会参画する大学」　10／アセスメント（評価）プロセスの開始　13／アセスメント（評価）には誰がかかわるべきか　15／アセスメント（評価）の開始時によくみられるテーマと課題　16／改善の方略としてのアセスメント（評価）　18／アセスメント（評価）における複数の関係者によるアプローチ　20／アセスメント（評価）のマトリックス　23／アセスメント（評価）マトリックスの使用　26／手段の選択の問題　26／アセスメント（評価）のサイクルを完了する　28／小括　29

▶ 学生への効果 ………………………………………………………… 33
　なぜ学生への効果をアセスメント（評価）するのか　33／学生におけるサービスラーニングの効果についての理解　35／学生への効果のためのアセスメント（評価）マトリックス　38／学生への効果をアセスメント（評価）するための方略　42／小括　47

　▶▶ 方略と方法：学生への質問紙調査　　50
　　　　学生へのインタビュー　　60
　　　　学生へのフォーカスグループ　　64

▶ **大学教員への効果** ··· 69

なぜ大学教員への効果をアセスメント（評価）するのか　69／大学教員とサービスラーニングに関する研究動向　71／大学教員への効果のためのアセスメント（評価）マトリックス　73／大学教員への効果をアセスメント（評価）するための方略　78／小括　85

▶▶▶方略と方法：大学教員へのインタビュー　88
　　シラバス分析　91
　　大学教員の日報　94
　　職務経歴書分析　98
　　授業観察　101
　　教授と学習を両極に置いた評価尺度分析　105
　　大学教員への質問紙調査　111

▶ **地域への効果** ·· 121

なぜ地域への効果をアセスメント（評価）するのか　121／地域への効果のアセスメント（評価）についての理解　122／地域への効果のためのアセスメント（評価）マトリックス　128／地域への効果をアセスメント（評価）するための方略　131／小括　134

▶▶▶方略と方法：地域における観察　138
　　地域のパートナーへのフォーカスグループ　141
　　地域のパートナーへのインタビュー　145
　　地域のパートナーへの質問紙調査　147

▶ **大学機関への効果** ··· 153

なぜ大学機関への効果をアセスメント（評価）するのか　153／大学機関のサービスラーニングへのかかわりについての理解　155／大学機関への効果のためのアセスメント（評価）マトリックス　159／大学機関への効果をアセスメント（評価）するための方略　161／小括　163

目　次　vii

▶▶▶方略と方法：大学機関へのインタビュー　168
　　　　　　クリティカル・インシデント・レポート（重要な出来事の報告
　　　　　　　書）　172
　　　　　　大学機関の観察　175
　　　　　　大学機関の刊行物・記録　176

▶ **方法と分析** ……………………………………………………………… 179
　　　　質問紙調査　180／インタビュー　185／フォーカスグループ　187／観
　　　　察　191／刊行物・記録　192／クリティカル・インシデント・レポー
　　　　ト（重要な出来事の報告書）　195／日報　196

▶ **引用・参考文献** ……………………………………………………………… 199

　　訳者解説　206
　　訳者あとがき　214

　　《《《《《 表の目次 》》》》》
　　　第１表　指導から学びへの変化　8
　　　第２表　マトリックスの枠組み　24
　　　第３表　アセスメント（評価）手法の比較　30
　　　第４表　時間と価値の一般的ガイドライン　32
　　　第５表　学生へのアセスメント（評価）マトリックス　48
　　　第６表　大学教員へのアセスメント（評価）マトリックス　86
　　　第７表　地域へのアセスメント（評価）マトリックス　136
　　　第８表　大学機関の使命と関連してエビデンスを示すべき
　　　　　　　組織的な要因からみた貢献活動へのかかわりのレベル　165
　　　第９表　大学機関へのアセスメント（評価）マトリックス　166

viii　目　次

序

　サービスラーニングとは，地域での貢献活動に，明確な学業上の目的をもって，地域社会での活動を準備し，その後の意図的な振り返り（省察）を結びつけた教育手法である。サービスラーニングに参加する学生たちは，大学の教育課程での活動の一環として，直接的，間接的に地域での貢献活動に従事し，地域社会の状況について学び，省察する。その結果，大学の教育課程での活動と貢献活動とのつながりを，より深く理解するようになる。これらの学習経験は，地域社会と，機関ないし学部・研究科，プログラムとの協働によって設計される。それは，お互いの利益に意味のある連携によって成り立っている。こうした学習経験や連携を改善したり，持続したりするには，地域や大学教員，学生，機関とその制度における声や考え方を取り込むための，秩序だったアセスメント（評価）活動を強化することが求められる。本ハンドブックは，サービスラーニングや同様のプログラムにおける効果をアセスメント（評価）するため，十分に検証された一連の方略を提供する。

アセスメント（評価）に関する本論文の展開

　本書は，ポートランド州立大学（PSU：Portland State University）でのプロジェクトを皮切りに，他の機関や全米的な研究の取組みといった，さまざまなプロジェクトから生まれたものである。その目標は，サービスラーニングをはじめ，高等教育におけるシビックエンゲージメント（市民的社会参画）に関する方略がもつ複雑さに対応したアセスメント（評価）モデルを開発することであった。モデル開発を始めるにつれて，効果を正確に理解するためには，複数の関係者へ同時に注意を向ける必要があることが明らかになってきた。高等教育の文脈

でいう関係者とは，学生や大学教員，地域，大学機関のことである．取り組み始めた当初，文献調査でわかったことは，モデルやアプローチ，手段の点において，すでに文献で言及されているものはほとんど役立たないということだった．そこで，私たちの機関でのサービスラーニングと地域での貢献活動との双方に役立つと見込まれる複数のアセスメント（評価）方略を検証するケーススタディ手法を取ることにした．

　私たちが活動を開始したのは1995年だが，ほどなくさまざまな場で私たちの概念モデルを紹介することとなった．すぐにアセスメント（評価）手法に関する冊子への注文が多く寄せられたため，広く入手できるようにハンドブックを作成した．このハンドブックの初版は，1997年6月に，ポートランド州立大学の高等教育研究開発センターを通じて発行された（Driscoll, Gelmon et al., 1997）．初版は，非常に多くのさまざまなアセスメント（評価）手段の開発，そしてこれらの手段をPSUの10のサービスラーニング科目で実験的に検査した経験を基にしている．これらの結果の分析からすぐに学んだことは，私たちのアセスメント（評価）活動を導いた概念マトリックスには改善の余地があるということであり，また，多くの手段はさらに改善することによって，もっと有用になるということであった．これらの改善がなされて，第二版が，前回と同様，PSUによって1998年4月に出版された（Driscoll, Gelmon et al., 1998）．第二版は，サービスラーニングのアセスメント（評価）に利用する技術や実例に関心をもっていた学者や地域のパートナーたちに，とりわけあたたかく受け入れられた．

　ここ数年，私たちは，参考書として，また，発展途上の資料として，このハンドブックに依拠して，全米や地方，地域でのアセスメント（評価）に関するさまざまな会合で，多くのワークショップを実施してきた．2,000部を優に超える冊数が印刷され，PSUを通じて国内外に配布された．サービスラーニングとシビックエンゲージメント（市民的社会参画）のアセスメント（評価）方略が向上することにかかわってきたので，かねがね，私たちはこのアセスメント（評価）モデルと，それに付随するツールを広く利用されるようにしようとしてきたのである．

最新版

　この増補版は，主に2つの要因が動機となっている。第一に，私たちは，複数の高等教育機関において，また複数の地域団体とともに，多様なプロジェクトに関して，この概念的資料を使った取組みを続けてきた。私たちは，その利用について研究を続け，バックグラウンドや，裏付けとなる文献，長所や短所，実践的な手引きのなかにみられるさまざまな手段の利用に関する洞察をぜひとも共有したい。サービスラーニングをはじめとして，社会や地域への参画活動をアセスメント（評価）するのに適用可能なアプローチとして，この一連の方略が活用できるという私たちの見解は，さまざまな全米的プロジェクトを通じて広まってきている。いまや，さまざまなシビックエンゲージメント（市民的社会参画）の試みをアセスメント（評価）するための方略やそれらを将来的に応用していくことについて探求する余地は大きい。

　第二に，近年では，このハンドブックへのアクセスを促したり，この手段を用いるのに必要な準備時間をできるだけ短くしたりするために，ハンドブックの電子版を求める声が増えてきていた。私たちは，この資料を配布したり，さまざまな手段へのアクセスを容易にしたりするのを促進するべく，これらの要求に応えたいと考えていた。

　最新版は，従来のPSU版に基づいている一方で，アセスメント（評価）方略に関してさらに幅広い考え方を示している。したがって私たちは，この新版を作成し，このハンドブックの刊行が促進されるように支援してくれた全米キャンパス・コンパクト（Campus Compact）に感謝している。また，この支援は，全国サービス公社（CNS：Corporation for National Service）によって可能となったものである。

サービスラーニングへの注目

　私たちのアセスメント（評価）の取組みの最大の焦点は，正課のサービスラーニングにある。そしてまた，たとえば別種の経験教育や正課に併行して行われる教育活動や，制度的な変更過程，パートナーシップ，そのほか，教員の職能開発の取組みなどにおいても，本書は援用可能だと，どの章においても，説

明してみせることができる。このように本書には多くの援用可能性があることは認識しており，またそのような利用を奨励しているものの，それでもやはり，最大の焦点は，サービスラーニングに関連することであり，それゆえにその記述がほとんどとなっている。願わくは，本書がこうした他の文脈でも有益な検討材料を提供することを期待している。

「アセスメント（評価）の原則および方略」という概要のところで述べているように，本書は，成果を示すためだけでなく，継続的な改善のためのアセスメント（評価）のために，検討材料を提供するものとなることも目的としている。したがって，読者諸氏は，その解説やアプローチ，そして手段そのものに一貫して，改善の方法や概念が編み込まれていることに気づくだろう。

本書は，サービスラーニングの究極的な手引きとなるよう作成されているのではない。読者諸氏には，サービスラーニングに関する検討材料を提供するものとして，キャンパス・コンパクトの *Introduction to Service-Learning Toolkit* (Campus Compact, 2000) も，本書とあわせて参照されたい。同書には，サービスラーニングとシビックエンゲージメント（市民的社会参画）との包括的な概要が示されており，有用な資料や文献リストも収録されている。

本ハンドブックの構成

本ハンドブックは，主に3つの部で構成されている。第一の部分は，アセスメント（評価）への考え方や手法の概要である。アセスメント（評価）に関する多くの資料が存在するが，アセスメント（評価）へのアプローチを組み立てるための検討材料を提供するものとして，本書には，アセスメント（評価）の方略の概要を含めている。この部では，アセスメント（評価）に関する基本的な情報を，読者のみなさんにも，すぐに理解してもらえることを企図している。

第二の部分では，学生，大学教員，地域，機関という，個別の章でアセスメント（評価）に関係する4者についてそれぞれ説明する。各章では，以下のことについて言及する。

- ●先行研究の概要
- ●関係者への効果をアセスメント（評価）することをめぐっての議論

- アセスメント（評価）マトリックス
- 個別の関係者ごとに，個別の手段の長所や短所を含めたアセスメント（評価）の方略
- さまざまな状況で利用してきたアセスメント（評価）手段の例示

　各手段について，それらに特有の目的や，準備，実施，分析をめぐる議論を紹介する。

　最後の部分では，手法とデータ分析の利用に焦点を当てる。ここでも，私たちの経験の積み重ねに基づいて，活用のためのよりよい好適例と提案を提示する。この部分は，アセスメント（評価）作業を機能させるための方略に関する議論を組み込んでいる。

小　括

　サービスラーニングの価値を多くの人々に伝えるためには，アセスメント（評価）という行為の役割が重要であることがわかってきた。サービスラーニングの効果を説明し記録するために，「エビデンスの文化」(Ramaley, 1996) を育てれば，サービスラーニングの制度化を支え，科目に基づいて学んだ能力が学識に変わるのを促し，関係する多様な関係者との間に信頼とコミュニケーションが育まれる。アセスメント（評価）という行為に関与すれば，それぞれの関係するグループにとっては，各々の得意な視点を明確に表し，関係する他のグループの視点から学び，その視点をよく理解することになる。それは，サービスラーニングの経験がもたらす貴重な要素なのである。アセスメント（評価）は，たんに成果を測るということ以上に価値があり，費やした時間や消費した資源，かかわりの深さに見合うものなのである。

謝　辞

　本取組みは，長年にわたり多くの機関や資金提供者，そしてパートナーたちに支えられてきた。このアセスメント（評価）モデルを試し，改善するためのさまざまなプロジェクトに参加してくださった，ほんとうにたくさんの機関や人々に対して，謝意を表したい。あまりにも大勢なので，すべての方の名前を

挙げることはできないことをお詫びしたい。以下のリストで主な支援者を挙げている。このリストから漏れている機関や人々もあるが，彼らにも感謝以外の他意はないことを記しておきたい。

機関
- ポートランド州立大学
- カリフォルニア州立大学モントレーベイ校
- ノーザンケンタッキー大学

資金提供者
- 全国サービス公社
- ピュー・チャリタブル財団
- 米国保健福祉省保健資源局保健部
- 米国教育省高等教育改善基金
- 全米医学教育基金
- W. K. ケロッグ財団
- デイヴィッド＆ルシール・パッカード財団

パートナー
- キャンパス・コンパクト
- ポートランド州立大学高等教育研究開発センター
- カリフォルニア大学サンフランシスコ校保健センター
- 保健衛生のための地域と大学のパートナーシップ
- 米国病院協会「病院研究・教育基金」による地域介護ネットワーク実証プログラム
- 独立大学協会
- 全国的サービスを学ぶ保健医療従事者学校
- コロンビアウィラミット社健康コミュニケーション部門
- 学際専門教育協同組合保健医療改善研究所
- ポートランド州立大学非営利経営研究所
- 参加してくれた多くの学生や地域のパートナー，大学教員，機関の代表者のみなさん

シェリル・ゲルモン　　エイミー・スプリング　　シーナ・ケリガン
（ポートランド州立大学）

バーバラ・ホランド（インディアナ大学-パデュー大学インディアナポリス校）

エイミー・ドリスコル（カリフォルニア州立大学モントレーベイ校）

2001年6月

アセスメント（評価）の原則と方略：概説

　シビックエンゲージメント（市民的社会参画）やサービスラーニングにかかわっている大学機関が学生や地域の参加者にその質を保証し，投資した資源の正当性を示し，プログラムの改善と発展に関する情報を提供するには，その取組みの効果を示す必要がある。「効果」を理解して示すには，アセスメント（評価）方法のデザインと活用について，知識と専門的技術をもっていることが必要である。

　このハンドブックには，アセスメント（評価）を計画し，デザインし，実施するための実践的手法とツールについての基本情報が載っている。この本に掲載されている資料は，全学規模でのサービスラーニングの取組みにも活用できるし，個々の講座や，その他のシビックエンゲージメント（市民的社会参画）や地域参加の活動にも活用できる。本書は全体的に，大学機関レベルおよびプログラムレベルの包括的アセスメント（評価）方略の発展に主眼を置いているので，「プログラム」という用語が頻繁に出てくる。しかし今述べたように，これらの資料は，教員個人が独立して実施している講座にも活用することができる。

▶ アセスメント（評価）の文脈

　大学教育では，これまで伝統的に「指導すること」が重視されてきたが，しだいに「学ぶこと」へと新たに重点がシフトしてきている。Barr & Tagg（1995）

注：本章は，Gelmon, S. B. (2000). "How Do We Know That Our Work Makes a Difference?" *Metropolitan Universities*, 11(2)：28-39. を編集者の許可を得て，編集したものである。

第1表　指導から学びへの変化

旧来の方法	論点	新しい方法
獲得	知識	応用
個人	焦点	チーム／地域
教員による	カリキュラムの定義	教員，地域，学生による
積み上げ型	指導法	共同型
規定の講座	デザイン	統合的配置
受動的	学生の学び	能動的
散発的な改革	変化	継続的な改善

によると，大学に対する見方が「指導の提供機能をもつ機関」から「学びの創出をデザインする機関」へと変化してきている。教えることや学ぶことの共通概念を，たとえば，知識，焦点，カリキュラム，指導法，デザイン方略，学生の役割，組織的変化といった観点で考えてみると，「旧来」の方法から「新しい」方法への変化は，第1表のような枠組みで説明することができる。サービスラーニングやその他の形の地域に根差した教育は，おしなべて「新しい」ほうの特徴を示していることに注目してほしい。すなわち，知識の応用に重きを置き，学びの焦点はチームや地域であり，指導法は共同型で，カリキュラムは共同で定められ，講座は統合的に配置され，学生の学びは能動的である。このようなプログラムの効果をどうしたら最もよくアセスメント（評価）できるかを考える際は，これらの観点をすべて念頭に置いておくことが大切である。

　「シビックエンゲージメント（市民的社会参画）」や「地域参加」という用語は，徐々に，大学教育の趨勢を論じる際の確かなキーワードになってきている。Ehrlich (2000) は，シビックエンゲージメント（市民的社会参画）を「自分たちの地域において市民生活に変化をもたらすための取組み」であると述べている。そのような取組みは大学機関の機能を変化させ，教員の役割に新たな挑戦を創出し，地域のパートナーとの新しい協同の機会を提供し，学生が何を学ぶかだけでなく何が教えられるべきかにも影響をおよぼす。このような変化が起こると必然的に，「シビックエンゲージメント（市民的社会参画）によって大学機関とその構成部分にはどのような効果がもたらされるのか」という問いが生まれ

てくる。こうした問いに答えるには，アセスメント（評価）を注意深く組み立て，実施しなければならない。すなわち，明確な質問を立て，適切なデータを収集し，意味のある方法で結果を分析し，報告するのである。

▶ なぜアセスメント（評価）を行うのか

　私たちはなぜアセスメント（評価）を行うのだろうか。大学はより高度な教育を受けた学生を育てなければならないとよくいわれる。その点からみると，アセスメント（評価）は主に，学生の学びを向上させるために行われるのだといえる。あるいは，アセスメント（評価）をする主な理由は，プログラムのリーダーが見出されたニーズや関心に応じて継続的な改善ができるよう迅速にフィードバックするためだ，と考える人もいる。長期的にみれば，アセスメント（評価）のデータは，プログラムの計画や再デザイン，実質的な改善のための基盤を提供することができる。

　なぜ，アセスメント（評価）は今，そんなに重要なのだろうか。いまや米国全土において，アセスメント（評価）に関する関心が高まっている。その理由としては，アセスメント（評価）が法的に求められていること，教育の説明責任に対する公的要請があること，管理者側が資源の活用に関心をもっていることが挙げられる。また，プログラムの改善のためのアセスメント（評価）にも関心が高まっていることはいうまでもない（Gelmon, 1997）。資金を出す大学機関や認証評価機関が，説明責任，とくに資源に関する説明責任をますます求めるようになるにつれて，明確なアセスメント（評価）データが常に必要とされるようになっている。

　同時に，大学の多くは，アセスメント（評価）の結果がシビックエンゲージメント（市民的社会参画）の理解にどう役立つのかはもちろん，サービスラーニング・プログラムをどのようにアセスメント（評価）すればよいかもはっきりわからずに困難を感じている。しかし，シビックエンゲージメント（市民的社会参画）への関与が大学機関にもたらす効果が明らかになるにつれて，すべての参加者間の関係を持続的に良質に保つには，効果を実証することが必要不可

欠であることがわかってくる。教員，学生，地域のパートナー，大学機関の参加者は，皆それぞれ異なる関心や期待をもってパートナーシップを結ぶ。そのため，複合的で意図的なアセスメント（評価）方略が必要になるのである（Holland, 2001）。さらに，サービスラーニングやシビックエンゲージメント（市民的社会参画）に対する関心が増加し続けているといっても，このような新しい試みに対して冷淡で懐疑的である教員もいるため，こうした取組みの価値を示す強力なエビデンスが必要となる。アセスメント（評価）を行うことで，多くの教員が求めている効果に関するエビデンスを得ることができ，それは参加者をより広げていくことにつながりうる。

▶ サービスラーニングと「社会参画する大学」

　大学機関が「社会参画する大学（engaged campus）」という概念について検討し議論するようになると，教員のなかには，社会参画が，教育課程での活動とはどのように関連づけられるのか，とか，こういうことに焦点を当てることが大学機関としてのミッションや活動を見分ける，あるいは鍵となる特性になりうるのか，を知りたいと思う人も出てくる。社会参画する大学とはどのようなものなのか，どのようにして教員の仕事や期待に変化をもたらすのか，参画する学生の特徴や彼らの学びの体験の性質はどのようなものなのか，地域と大学のパートナーシップについては，どのようなことが観察されうるのか。これらの問いはすべて，社会参画について大学を基盤としたアセスメント（評価）を行う際の最初の枠組みになりうる。

　社会参画に大学機関として関与することは，地域に根差した学びの体験を大学機関のカリキュラムに入れることと強く関連しているという研究がある（Holland, 2001）。したがって，サービスラーニングを取り入れることは，社会参画を促進するのにふさわしい教育的方略だととらえることもできる（Hollander & Hartley, 2000; Gelmon, 2000a）。このモノグラフは，サービスラーニングが幅広い関係者にもたらす効果をアセスメント（評価）することについて，既存文献の穴を埋める一助としようとするものである。

社会参画とパートナーシップは，大学の教育課程での活動における新たな側面を示している。最近の文献では，パートナーシップと社会参画が多次元的な性質をもっていることが示されている。たとえば，州立大学およびランドグラント（土地付与）大学＊の将来に関するケロッグ委員会の1999年の報告書，「社会参画する大学機関（The engaged institution）」では，社会参画を「検証」する7つの観点について，その特徴が述べられている。

- **応答性**：私たちはかかわっている地域に本当に耳を傾けているか。
- **パートナーの尊重**：私たちは共同プロジェクトのパートナーのスキルと能力を純粋に尊重しているか。
- **学術的中立性**：大学は，異論の多い問題が潜在的にはあったとしても，連携の際に中立的なファシリテーターの役割を維持できているか。
- **アクセスのしやすさ**：私たちの専門性は，地域における関心のある関係者すべてにとって，等しく手の届くものになっているか。
- **統合**：大学の風土は，大学機関における研究と大学のサービス・教育に関するミッションを統合するための新しい機会を提供するものになっているか。
- **調整**：学部・研究科，プログラムといった学問的組織や事務組織，教員，職員，学生といった各々の集団は，他者と前向きにかかわっているか。そして，自分たちの知識を一般市民が理解できるように共有したり伝えたりしているか。
- **資源の連携**：課題に取り組むための資源は十分であるか。

これらの特徴はそれぞれ，計画やアセスメント（評価）の潜在的焦点となる。また，『高等教育の市民的責任に関する学長声明』（*Presidents' Declaration on the Civic Responsibility of Higher Education*, Campus Compact, 1999）でも同じように，「大学における市民的責任のアセスメント（評価）」が盛り込まれている。ここでは，管理者，理事，教員，職員，学生，同窓生，地域のパートナーが大学機

＊ （訳注）Land Grant Universities。米国連邦政府所有の土地が州政府に供与され，設置された高等教育機関。南北戦争中の1862年6月に制定されたモリル・ランドグラント法が根拠となっている。当初は，農学，軍事学および工学を教える理系の実学が中心であったが，現在では，人文社会科学系も擁する総合大学となっているものもある。

関の関与度や現状を検討する審議プロセスに参加することによって，大学機関の社会参画への準備性についてベースラインとなる自己評価（self-assessment）を行う際の枠組みが示されている。キャンパス・コンパクトにおけるアセスメント（評価）の枠組みとしては，リーダーシップ，カリキュラム，地域の公共政策の展開，大学および教員の文化，多様性，地域と大学のパートナーシップ，コミュニケーション，地域の改善といったトピックスに関連した問いが挙げられている。

Holland（1997）も同様に，大学の社会参画への関与度を調査する際の指針となる，主な組織要因のマトリックスを作成している。これは，社会参画がどの程度その大学のミッションの要素となっているかに基づいたものである。このマトリックスでは，成功する持続的な社会参画プログラムに関する基準と特徴を，それぞれの関与レベルごとに示している。

Furco（2000）は，サービスラーニングの組織化度をアセスメント（評価）するまた別の指標を開発している。彼はこのアセスメント（評価）について5つの次元を提案している。すなわち，①サービスラーニングの理念とミッション，②サービスラーニングにおける教員のサポートと関与，③サービスラーニングにおける学生のサポートと関与，④地域の参加とパートナーシップ，⑤大学機関のサポート，である。そして，それぞれの次元について，複数のカテゴリーを設けている。自己評価を行うチームはそれぞれの基準を考慮し，①クリティカルマス（一定の普及）の構築，②良質の構築，③持続的な組織化，という組織化の3つのレベルにしたがってその大学の位置を定める。

「社会参画する大学」については，多くの高等教育機関のフォーラムでも議論されている。こうした場において，地域と大学のパートナーシップを分析することは，あらゆるアセスメント（評価）の取組みのなかでもとくに活発な領域のひとつである。

サービスラーニングやその他の形の地域に根差した学びに関するプロジェクトからの知見をまとめたレビューでは，アセスメント（評価）の必要な主な領域として，パートナーシップの性質，教育機関と地域の双方のニーズと強みを理解すること，地域を定義すること，リーダーシップの役割，カリキュラムの

配置と強調，学びの性質，パートナーシップの持続などが挙げられている（Holland & Gelmon, 1998）。

▶ アセスメント（評価）プロセスの開始

　アセスメント（評価）は，私たちが自分の仕事から何を学べるのかを明らかにする仕組み，つまり，他者と同じように自分のための学びについて明らかにする仕組みとして，役に立つ。どのようなアセスメント（評価）プロセスを始める際も，次に挙げる一連の重要な質問を問いかける必要がある。その答えがアセスメント（評価）プロセスのデザインの枠組みとなる。

- アセスメント（評価）の目的は何か。
- アセスメント（評価）の情報を求めている，または必要としているのは誰か。
- アセスメント（評価）のサポートに活用できる資源は何か。
- アセスメント（評価）を実施するのは誰か。
- 結果が活用されたことをどうやって確認するか。

　これらの問いがなぜ重要か，そこには多くの理由がある。どのようなアセスメント（評価）プロセスにも目標があるべきであり，目的が明示されているべきである。そうでなければ，必要な作業を進める理由がほとんどないように思えてしまう。また，アセスメント（評価）を希望している，もしくはその必要性がある個人や大学機関自身が，実際にどんな作業を行うかを指示することがあるが，それは，資金提供者から求められたものだろうか，それとも認定やその他の法的検査の一部だろうか，それとも個人の勤務アセスメント（評価）の一部だろうか。アセスメント（評価）を確実に実施し，最後までやり遂げるには，アセスメント（評価）をサポートする資源やアセスメント（評価）の担当者について，アセスメント（評価）計画を立てる際に確認しておかなければならない。

　どのような資源があるのかもはっきりわからないままにアセスメント（評価）がデザインされてしまい，作成された計画と実際に得られる資源や専門的技能とが一致せずにうまくいかなくなることがあまりにも多い。最後に，アセスメント（評価）プロセスの結果が関心をもたれ，活用されることを確認できるこ

とは重要である。包括的なプログラムアセスメント（評価）をデザインして実施しても，結果を見るだけでその後のプロセスが無視されてしまうと，かかわった人を深い無力感に追いやってしまう。

　これまで述べてきたように，アセスメント（評価）は第一に，自分が何を学んだのかを明らかにするうえで重要である。今日，高等教育の専門家の多くは，立ち止まり，振り返り，自分の仕事の効果を考える時間がほとんどない。自分の仕事の意味合いを明らかにすることは，問題を描写し，方略を記述し，今後さらなる取組みが必要な領域を明らかにするうえで役に立つ。アセスメント（評価）はまた，達成された成功，つまり，めったに達成されないような成功，を立ち止まって祝う機会にもなる。そしてアセスメント（評価）は，新たな洞察をもたらし，改善の機会を見出すように思考を方向づける。

　第二に，アセスメント（評価）は，私たちが学んだことを他の人々に対して明らかにするのに役立つ。それによって私たちが学んだことが共有され，他の人々の学びに必要な知識を伝達することができる。とくに，戦略的なアセスメント（評価）を計画することで，類似の，あるいは同等の仕事をしている人々に伝えるべき要因を見出すことができる。

　最後に，アセスメント（評価）の観点は関係者によって，また目的によって変化することに留意する必要がある。大学の地区認証評価に向けた大学機関の査察であれば，全学規模のアセスメント（評価）計画が必要である。一方，ひとつの学部やプログラムがアセスメント（評価）を行うのであれば，内部調査のためであることもあるし，専門的調査のためであることもあるし，あるいはその学部やプログラムの計画の一部としてアセスメント（評価）が行われることもある。全学規模の一般教養プログラムであれば，アセスメント（評価）の焦点はたいてい，プログラムが多数の層の学生にどのくらい効果があるのかをより理解することに向けられる。新しいサービスラーニング・プログラムであれば，大学機関の上層部は他の教育的アプローチと比較した場合のサービスラーニングの価値と費用を知りたいと考えるため，たいていの場合，かなり突っ込んだ集中的なアセスメント（評価）が行われる。サービスラーニングやシビックエンゲージメント（市民的社会参画）のアセスメント（評価）では，多面的

な領域に対する効果を理解する必要がある。したがって本書では，どのようにして学生，教員，地域のパートナー，大学機関全体への効果を理解しうるかについて，詳しく述べている。

アセスメント（評価）には誰がかかわるべきか

　アセスメント（評価）を成功させるには，アセスメント（評価）にかかわる人々を対象となっている活動の中心に集め，彼らが通常の役割から一歩踏み出して，新しい文化を創り出すのを助ける必要がある。すなわち，アセスメント（評価）の対象となっているプログラム，サービス，学部，または活動に，彼らの関心を集めるようにするのである。そのため，アセスメント（評価）を行うと，調査対象である部門や活動に転移効果がみられることがある（Magruder et al., 1997）。

　サービスラーニングのアセスメント（評価）では，広い視野でプログラムの効果をとらえるために，複数の人々がかかわる必要がある。学生，教員，地域のパートナー，大学機関の上層部はすべて，重要な情報提供者として独自の役割を果たす。また，教員は，自分の授業に直接関連したアセスメント（評価）活動であれば，デザインと運営にかかわる場合もある。地域のパートナーも，彼らの職責に関連したアセスメント（評価）手続であれば，デザインと運営に同様の役割を果たすことを希望する場合もある。大学院生も，アセスメント（評価）のデザイン，実施，分析が彼ら自身の学びのプログラムに関係しているのであれば，それを助けてくれる価値ある資源になりうる。最後に，教授法および学習法の研究開発や，社会連携・地域連携，機関調査とアセスメント（評価），サービスラーニングといった大学機関内の各センターもまた，アセスメント（評価）プロセスのさまざまな面で重要な役割を果たしうる。

　アセスメント（評価）の責任を集中させる場合と分散させる場合のメリットについては，かなりの議論がある。大学によっては，アセスメント（評価）の中央オフィスを設置して，大学機関の運営構造にアセスメント（評価）の観点を提供したり，大学全体の資源としたりしているところもある（たとえば

Palomba, 1997を参照)。こういうオフィスが設置されていると，大学機関がアセスメント（評価）に関与しているエビデンスとしてみられることも多いが，このようなアプローチを取る場合のデメリットは，教員や学部が，アセスメント（評価）はそのオフィスだけの責務であって，彼らはかかわる必要のないものとしてとらえてしまうことである。また，アセスメント（評価）の結果が教員からではなく中央の運営機構から出されることになるため，その結果が疑いをもってとらえられてしまうこともある。こうした問題点を避ける方法のひとつは，教員や学部の活動を支援し，励まし，促進する資源としてのみ，センターを活用することであろう。具体的には，大学機関全体規模のアセスメント（評価）活動を引き受けるよう励ましたり，アセスメント（評価）結果を宣伝したりすることなどが挙げられる。教員や職員のアセスメント（評価）技術の向上に投資することや，アセスメント（評価）プロセスに可能な限り多くの人々にかかわってもらうことで，こうしたことは必ず促進されるようになる。

▶ アセスメント（評価）の開始時によくみられるテーマと課題

　アセスメント（評価）プロセスの開始時には，いくつかの課題があるものである。まずひとつは，実際に頼むことのできる適任の専門家を見つけなければならないということである。学問的な機関では，アセスメント（評価）の専門家を見つけられそうな専門分野は数あれど，アセスメント（評価）をデザインし，進め，マネジメントするのに必要な特定の専門性をもつ人となると，ほとんど見つからないことも多い。そのような専門家が本当に見つかったとしても，そうした人はすでに他のプロジェクトや学術活動にあふれるほどかかわっていたりする。財政投資に必要な専門家を得たいのであれば，その投資をサポートできる資源として何が利用可能かを正確に見定めることがとくに重要になるだろう。

　次に，アセスメント（評価）プロセスの焦点を概念化することである。すなわち，何がまさにアセスメント（評価）されるべきなのか，いつ，誰のために，何のために，ということである。これらの問いに答え，プロジェクトの枠組み

を作るには，前述した主な問いも役立つが，アセスメント（評価）計画をどのように構成するのが最もよいかの合意に達するにはかなりの議論が必要になるだろう。

　アセスメント（評価）の焦点がいったん概念化されたら，また別の課題が出てくる。それは実施に関することである。すなわち，誰が責任をもつのか。どんな資源があるのか。人々がアセスメント（評価）活動に参加し，必要なデータをタイミングよく集めるのに協力してくれるよう促すにはどんな手段があるか，ということである。

　課題はまだある。それはアセスメント（評価）方法の選択に関することである。選択の際は，アセスメント（評価）の目的や集めた情報の期待される活用方法，アセスメント（評価）活動がもたらす潜在的負担を考慮に入れなければならない。計画やニーズを明確にして合意をする際，方法に関する合意もなされる場合もある。しかし，参加者のなかには，自分こそが特定のアセスメント（評価）方法を指示すべき専門家であり，とくに教室で使うものであればなおのことそうである，と感じる人もおり，それは珍しいことではない。とくによくみられるのは，質的データか量的データかという，ずっと議論になっていることについてである。すなわち，適切性，結果の妥当性，一般化可能性，その他の課題に関するものである。こうした問いは，方法論的に何が必要かを厳密に特定する議論へとつながり，最終的にはアセスメント（評価）プロセスを支える利用可能な資源以上にうまくいくよう課題をデザインすることにつながる。

　最後に挙げる課題は，アセスメント（評価）の知見の活用に関することである。繰り返しになるが，データによって何ができるかを早いうちから議論して合意していれば，こうした問題は避けることができる。アセスメント（評価）が閉鎖的なプロセスで行われたり，プログラムの閉鎖や教職員の解雇を正当化しようとする人がいたりしたら，アセスメント（評価）プロセスに妥協が生じてしまう。必ずオープンなプロセスを経て手法をデザインし，得られたデータの活用について合意するようにすれば，アセスメント（評価）活動の促進に非常に役に立つ。

　しかし，計画がよくデザインされ，そのプロセスがしっかりオープンになっ

ていたとしても，そこには抵抗がつきものである。つまり，得られた知見が示している危機は，本当のものなのか。それとも知覚されただけのものなのか，といったことである。外部の専門家を呼んだときは（違った視点を得るためであれ，内部の専門家を補うためであれ），その部外者は恐れられる方がふつうだろう（「内輪の恥」を公にさらすことへの恐れである）。「科学的手法」の厳密さを追求することと，時宜を得たアセスメント（評価）計画と手法のために締め切りを守ることとには，葛藤があると感じる人もあるだろう。その他の起こりうる課題としては，アセスメント（評価）のさまざまな構成要素を実施・運営する内部能力向上のための研修，スーパービジョン，データ収集，秘密保持，データ管理などがある。また，かねてより環境に政治的な負荷がかかっている場合には，ほぼ間違いなく抵抗が起こる。たとえば，予算について激しい競争があり，かつ予算配分の決定にアセスメント（評価）データが使われる場合などである。それぞれのアセスメント（評価）状況は固有のものであるが，これらのどの抵抗を克服するのにも役に立つ対処もある。たとえば，アセスメント（評価）の目的について合意すること，これらの目的が公に共有され，アセスメント（評価）の目的と意図が注意深く遵守されることなどは，取組みの信憑性と妥当性の確保につながるだろう。また，アセスメント（評価）の価値について賛同を得ていくことにも，じっくりとエネルギーを使う方がよい。回答者に関する秘密保持も保証しなければならない。プロセスの初期の頃から役割と課題を明らかにし，定期的報告，知見の共有，更新，関心事の共有といった仕組みを，明確に構築する必要がある。

▶ 改善の方略としてのアセスメント（評価）

　アセスメント（評価）とは，改善のための方略，つまり長所および改善すべき領域を見極め，将来のプログラム計画を支持するエビデンスを提供できるようデザインされた一連の活動，とみることもできる。アセスメント（評価）はプログラムについて伝える有用な手段になりうるが，その有用性が最も高まるのは，アセスメント（評価）が煩わしい負担になるものとか「時間つぶしの仕事」

の類とみられるのではなく，価値を付加する日常業務としてとらえられているときのみである。プログラムマネージャー，管理者，その他のリーダーたちは，アセスメント（評価）を行うことによってプログラムの有用性に関する知見を確認する手段が得られ，それを内部確認のため，また他者との共有のために用いることができる。

　アセスメント（評価）のこのようなアプローチは，高等教育や保健医療など多くの領域で広く使われている「改善モデル」(Langley, Nolan et al., 1996) に基づいたものである。ここでの中心となる仮定は，取組みや状況は通常改善しうるということである。逆にいえば，変化が必要ないことを示すエビデンスも見出さなければならないということでもある。このモデルは3つの基本的要素から成り立っている。

- **目的を示すこと**：「私たちは何を達成しようとしているのか」，これによって，アセスメント（評価）の目的が明確になり，参加しているすべての人がそれをはっきりと理解することができる。
- **現在わかっていることを明らかにすること**：「ある変化をみて，それが改善であるとか，変化の必要性の有無を，私たちはどうしたらわかるのか」，これは，何がすでにわかっていて，アセスメント（評価）が完了するとどのような新しい知見が得られる可能性があるのかを明確にするのに役立つ。
- **さまざまな改善を試すこと**：「改善につながるようなどんな変化を試すことができるか」，これは，改善に向けた最初の方略として何ができるか，すでに得られている知見に基づいて決めるのに役立つ。

このモデルを高等教育に適用した場合，次のような問いがアセスメント（評価）プロセスを構成するのに役立つ (Gelmon, Holland, Shinnamon & Morris, 1998; Gelmon, White et al., 2000)。

- **学びはどのように行われているか**（例：サービスラーニングや，地域と大学との連携に基づく学びなど）
- **この教育方法はどうしたらカリキュラムの一部になるか**（どのように導入し，どのように発展させ，どのように統合するか）
- **この教育方法をどうしたら改善できるか**

- この手法を使っている人たちは，変化＝改善だとどうやって知ることができるか（例：前後データを用いてどのような比較ができるか）

　アセスメント（評価）を改善の努力として考えてみると，そうでなければ明らかにできないような問題を描き出すことができる。すなわち，将来再び実施するときの方略を記述すること，将来的に取組みが必要な領域を明らかにすること，あるいは焦点を絞って考えることなどである。このような努力の結果を，専門学会で発表したり，専門誌に公表したり，ウェブサイトで公開するなど，関係者内部またはより広く外部に知らせて共有すれば，他の人々の学びを促進することにもなる。

　このようなアセスメント（評価）のアプローチを用いることで，改善に向けた多くの機会を見出すことができるだろう。たとえば，カリキュラムの長所が明らかになったり，既存の知識の妥当性を確認したり，現在の活動の継続を支持するデータが得られたりする。あるいは逆に，欠点が明らかになり，変化の必要性を示すエビデンスや正当な理由が得られることもある。また，アセスメント（評価）を通して，教員資源を割り当て直すべき領域や，教員の優秀さが再認識されるべき領域，あるいは欠点を修正する支援を受けるべき領域が確認できる場合もある。大学機関では，このような活動は重要である。なぜならば，資源の割り当てに関するより広い問題を考慮したり（人的，財政的，物理的，情報的，技術的，その他），広報活動やマーケティング戦略に情報提供したり，また組織の関係性や戦略において可能な変化や再調整を考慮したりするためだからである。

アセスメント（評価）における複数の関係者によるアプローチ

　過去5年以上にわたり，筆者らはアセスメント（評価）における複数の関係者によるアプローチを開発してきた。最初はそれをサービスラーニングのアセスメント（評価）に用いていたが，今ではより広範囲の地域に根差した学びの状況に活用している。このアプローチはもともと，ポートランド州立大学において，サービスラーニングが学生，教員，大学機関そして地域にもたらす効果を

アセスメント（評価）する努力の一環として始められた（Driscoll, Holland et al., 1996）。当時，学部生および大学院生のためのサービスラーニング科目を整備することや，地域と大学との連携のためにかなりの努力がなされており，大学機関はこれらの努力の効果を理解する必要があった。また当時，大学は，新しい一般教養プログラムを実施しており，そのプログラム，とくに地域に根差した最上級生向け実践型科目において，サービスラーニングを体験する機会を創り出そうともしていた。

　その後，このアプローチは大きく拡大・改訂され，サービスラーニングの国家的なモデル事業プログラムである，「全国的サービスを学ぶ保健医療従事者学校（HPSISN：Health Professions Schools in Service to the Nation）」での教育において，サービスラーニングの効果がアセスメント（評価）された（Gelmon, Holland & Shinnamon, 1998; Gelmon, Holland, Shinnamon & Morris, 1998; Gelmon, Holland, Seifer et al., 1998）。この拡大により，地域とのパートナーシップはアセスメント（評価）対象となる第5の領域として追加された。ポートランド州立大学においてもHPSISNにおいても，アセスメント（評価）のゴールは，サービスラーニングを実施した際のさまざまな関係者への他とは違った効果を明らかにすること，および，将来的なサービスラーニングのプログラムづくりに活用しうる知見を見出すことである。HPSISNプロジェクトは，サービスラーニングの専門分野としての可能性を研究した最初の取組みのひとつである。

　それ以降，このモデルは地域におけるサービスラーニングの効果をアセスメント（評価）するその他の取組みにも適用された。これらのプロジェクトのうちの2つでは，大学の授業科目における活動の一環として，学生，教員，地域のパートナーが，地域の健康向上のために協働した。それは次の2つである。

- 保健医療従事者向け教育プログラムにおける**地域に根差した質向上のアセスメント（評価）**（CBQIE-HP：the Community-based Quality Improvement in Education for the Health Professions）では，医療従事者の学生たちからなる学際的チームが，質向上の方法論モデルを用いて，特定の地域健康向上プロジェクトに携わった（Gelmon & Barnett, 1998; Gelmon, White, Carl-

son, & Norman, 2000)。
- ポートランドの隣接3郡における健康的コミュニティ推進プロジェクト (the Portland Tri-county Healthy Communities Initiative) では, 特定の地域健康問題に取り組むための地域連携の構築に向けて, 横断的なコミュニティ開発アプローチが採られた (Gelmon, McBride, Hill et al., 1998)。

このアプローチをアセスメント（評価）デザインに適用した別の例は, 1998年に, 目標－概念－指標－手法アプローチを用いて, 部族行政 (Tribal Administration) に特化した新しい行政学修士課程の効果をアセスメント（評価）するマトリックスと方法論が構築されたときのことである。このプログラムは, 通信教育の学生を対象としたものであった（運営者は, ポートランド州立大学のMark O. Hatfield School of Government）。このユニークなプロジェクトは, 米国教育省高等教育改善基金の助成金によって行われたもので, プログラム方略や大学－部族間のパートナーシップが特定のプログラムゴールに合致しているか, また複数の場所にいる学生に満足しうる学習経験を提供できているかを把握しうるアセスメント（評価）モデルが必要だったのである (Holland, 2000a)。

このデザインはまた, 1999年, さまざまなタイプのシビックエンゲージメント（市民的社会参画）活動に関する国家プロジェクトにおいて, 独自のアセスメント（評価）計画を立てるために用いられた。独立大学協会は, ケロッグ財団から資金提供を受けて, 都市部にある8つの私立の教養大学に助成金を出した。目的は, シビックエンゲージメント（市民的社会参画）とパートナーシップが主な課題となる都市部のミッションの調査・実施を促進することであった。この取組みは, 小さな私立大学が市民参画プログラムを強化しようとしたときに直面する独特の課題について, 興味深い知見を導き出した (Holland, 1999b; Holland, 2001)。

複数の関係者によるアプローチは, サービスラーニングもそれを超える領域も含めて, 幅広いパートナーシップ活動のアセスメント（評価）に有用であることが, これらのプロジェクトすべてにおいて示されてきたといえる。

▶ アセスメント（評価）のマトリックス

　ここで紹介するアプローチは，これまで開発されてきた概念マトリックスに基づいたものである。概念マトリックスは，プロジェクトのゴールに応じてアセスメント（評価）計画が作成され，アセスメント（評価）ツールが開発され，データ解析と報告の構築が行われるなかで得られるものである。ポートランド州立大学では，当時入手できた初期の事例的データから，期待される成果を予測するため，当初この枠組みを活用した。その後このアプローチは改良されて，「目標 - 概念 - 指標 - 手法」アプローチと呼ばれるようになった（Gelmon, Holland & Shinnamon, 1998; Shinnamon, Gelmon & Holland, 1999）。これは次のような4つの主な問いにかかわるものである。

- 私たちは何を知りたいのか：この問いは，評価者がプロジェクトの目標に基づいてアセスメント（評価）の目的を明らかにするのに役立つ。
- 私たちは何を求めているのか：この問いは，評価者がプロジェクトの目標およびアセスメント（評価）の目的に基づいて，中心概念を同定するのに役立つ。
- 私たちは何を測定するのか：中心概念それぞれについて，それと関連する測定可能／観察可能な指標が特定される。それによって評価者は，変化や現状の測定・観察ができるようになる。
- 私たちは，知りたいことを明らかにするために必要なエビデンスをどうやって集めるのか：この段階では，評価者は，それぞれの指標についての情報を集めることのできる適切な方法論やツールを確認あるいは開発し，データの情報源を同定する。

　このようなアセスメント（評価）の枠組みがあることで，評価の指針となる構造が得られ，プログラムの管理者や評価者が評価の枠組みを明確化でき，アセスメント（評価）の目的と目標に合った方法でデータ収集，分析，報告がしやすくなる。また，この枠組みがあることで，先に述べたアセスメント（評価）に対する抵抗の元となるものの多くを克服することができる。本書のこの後の4つの章では，学生，教員，地域，大学機関への効果のアセスメント（評価）

が，概念マトリックスに基づいて描かれている（第5，6，7，9表参照）。これにより，アセスメント（評価）とプログラムの目標とが密接に結びつき，アセスメント（評価）の有効性と得られた知見の妥当性が高まるのである。

　このアセスメント（評価）枠組みは，デザイン段階における思考プロセスを導く助けになり，実施の際の重要な枠組みとなり，分析の定義と焦点を定める助けになるツールである。その骨格は，第2表に示すマトリックスのようになるだろう。主な構成要素は，中心概念 (core concepts)，主要指標 (key indicators)，手法 (methods)，情報源 (sources of information) の4つである (Gelmon & Connell, 2000)。

第2表　マトリックスの枠組み

中心概念	主要指標	手法	情報源

　中心概念については，幅広い領域が話題となる。これを特定するには，「科目やプログラムや活動から観察しうる，効果が期待できる領域は何だろうか」と問うてみるとよい。概念を定義する際は，プログラムがそうした概念にどのように影響しうるかを議論し詳細を詰める作業を続ける基盤が得られるよう，中立的な言葉で記述していく。概念を「～を増加させる」「～を変化させる」といった言葉で記述してしまうと，アセスメント（評価）にバイアスが入り，客観的なデータ収集が危うくなる。関係者それぞれにおける中心概念の例については，第5，6，7，9表を参照してほしい。

　主要指標とは，効果の主なエビデンスとなるものであり，通常，それぞれの中心概念に関する測定・観察可能な特定の要因として記述される。これを明らかにするには，「中心概念に取り組んでいることを示すために私たちは何を求めるだろうか」と問うてみるとよい。中心概念にどのような影響があるかのエビデンスを得るために，私たちはどんな指標を用いればよいだろうか。中心概

念と同様，バイアスを避けるため，これらの指標は方向性を示す用語よりも中立的な用語で記述する方がよい。主要指標は，中心概念それぞれについて複数ある方がよい。また，指標を定義する際は，できる限り，「〜の数」「〜の増加」「〜の改善」などという表現は使わない方がよい。たとえば，「〜の数」と記述してしまうと，私たちは量的手法の方に方向づけられることになる。しかし，このような言葉を使わなければ，量的手法も質的手法も用いることができる（主要指標の適切な例については，再度，第5，6，7，9表を参照してほしい）。

手法とは，測定や観察によってエビデンスを集めるために用いられる実際の手段や方略のことである。適切な手法を選ぶには，「私たちはどうやってそれを探すのか。」と問うてみるとよい。そうすることで，私たちが選択すべき手段や，それが実施可能であれば，どんな方法でその手段を使うかがわかってくる。よく使われる手段は次の通りである。

- 質問紙調査（自記式調査，他者による調査）
- インタビュー（対面または電話）
- フォーカスグループ
- 刊行物・記録の参照
- 観察
- 日報
- クリティカル・インシデント・レポート（重要な出来事の報告書）

第5，6，7，9表の各マトリックスには，さまざまな手法が記載されている。各対象者に用いる手法については，それを紹介するときにより詳細に論じる。

情報源とは，特定の人物，グループ，データベース，報告書などである。情報源は，組織の内部にも外部にもあるだろうし，アセスメント（評価）対象となる活動に個人的に接触してきた人々やその経験がある人々である場合もあるし，関連情報のなかに含まれている書類である場合もある。

実際には，それぞれの指標に対して異なった手法が用いられるし，各情報源からは，多くの手法を通してデータを得ることが可能である。しかし，すべての情報源に対して各々の手法が用いられるとは限らないし，すべての手法において各指標が扱われるとも限らない。概念とそれにまつわる指標との間には直

接の直線的関係があるものだが，手法と情報源との間にはそのような関連性はないのである。

▶ アセスメント（評価）マトリックスの使用

マトリックスができたら，概念が明確ではっきりしているか検討する必要がある。指標については，それが測定可能なものか，またエビデンスを集める機会があるか，確認する必要がある。指標を測定・観察する方法が見出せないときは，指標をより特定するために再度記述し直す必要がある。プログラムゴールについては，概念と指標がゴールを反映しているか，マトリックス内の情報のすべてが達成をアセスメント（評価）するために必要か，ゴールや主な活動が見逃されていないかを確認する必要がある。最後に，アセスメント（評価）に向けて用意されてきたものが，特定の組織の事情，すなわち利用できる資源や対象となる人々といったことからみて，実用的で使えるものか，確認することが大切である。

このマトリックスはデータ分析の焦点を絞るのに非常に役に立つ。マトリックスに列挙されたプログラムの成功を示す主要指標は，状況によりけりではあるが，評価者がプログラムのゴールや目標について説明責任を果たす際の重要な評価基準となる。また，マトリックスはどのような情報を集めるとよいかを定めたり，適切な評価用具を開発したりするためにも用いられるので，収集したデータは主要指標や中心概念と直接関連している必要がある。データを分析する際は，主要指標がどのように示され，またどの程度まで達成されたかに焦点を当てる必要がある。

▶ 手段の選択の問題

適切な手段を選ぶ際に主に課題となるのは，アセスメント（評価）のゴールを達成するためにはどのような手段が最もよい情報をもたらすかを決めることである。適切なアセスメント（評価）の手段を選ぶには，その相対的なメリッ

トを評価し，特定のニーズに一番見合うのは何かを判断することが必要である（Gelmon & Connell, 2000）。特定の手段を選ぶ際に最初に考慮する点としては次のようなものがある。

- デザインの問題：時間，専門性，利用可能な資源
- データ収集：容易さ，時間，必要な専門性
- データ分析：必要なスキル，時間，詳細さのレベル
- 回答内容：限定的または拡張的
- 手段の柔軟性と正確性
- 手法によってもたらされるバイアス
- 設問の種類：開かれた質問，閉じた質問
- 副次的な利益または不利益

第3表には，さまざまなアセスメント（評価）の手法について，これらの主な考慮点がひとつひとつ示されている。

また，どのアセスメント（評価）手段においても，その手段を実施・分析するのに必要な資源と，集める情報の価値との間で，妥協点を探る必要が生じる。この場合の資源とは，費用，設備，専門性，そしてデザイン・準備・実施・分析・報告に必要な時間などである。この妥協について考える際に考慮すべき主な課題は次の通りである。

- 準備のための時間
- 実施のための時間
- 分析のための時間
- 資源が必要なその他の課題（データの潜在的な価値よりも重いかもしれない）
- アウトプットの性質

第4表には，これらの課題ひとつひとつに関するコストの概算が，手法ごとに示されている。繰り返しになるが，手段を選ぶ際は，最もよい情報を得るためにはどんな手段ならまかなえるかを判断する必要がある。コストと得られる可能性のあるデータとの間の妥協点を探ることはしばしば必要になることではあるが，アセスメント（評価）の全体的な質についての妥協は決してあってはならないことである。

▶ アセスメント（評価）のサイクルを完了する

　必要なデータが集まったら，アセスメント（評価）のリーダーはデータを幅広く分析し，統合し，検討し，報告書を書く準備をしなければならない。先に述べたように，大学では，量的データと質的データのどちらがメリットがあるかという議論が延々となされている。私たちの経験では，両方組み合わせて用いるのが最も有益である。手法を選ぶ際は，データ収集の容易さ，データ解析の容易さ，データ収集および解析にかかる時間とコストなどの問題を考慮するのと同様，収集されるデータの種類も考慮する必要がある。しかし，さまざまな手法から得ることのできるデータの豊かさについても考えなければならない。インタビュー，フォーカスグループ，観察，振り返り日誌は，文字に起こして分析するのに非常に時間がかかるが，幅広く詳細な情報を提供してくれる。それに対して質問紙調査は，個別の詳しい情報はあまり得られないが，実施・分析するには比較的簡単でコストがかからず，時間的にも効率がよい。アセスメント（評価）のリーダーがさまざまなアセスメント（評価）手法にあまり慣れておらず，専門でもない場合には，測定ツールの開発やデータ解析を行う際に，専門家のアドバイスが確実に得られるようにしておくことが必要である。本書の次章以降では，さまざまなアセスメント（評価）手法についての情報が提示され，それぞれの長所と短所についても述べられている。

　アセスメント（評価）の最後のステップは，結果を報告することである。アセスメント（評価）レポートには，①プロジェクトのゴール，②プログラムにおいて何をしたか，③何を測定したか，④結果，⑤示唆と提言，を記述するのが一般的である。結果を報告する際は，マトリックスをしっかり用いて書くとよい（概念を大見出しにして，指標を小見出しにする）。そうすれば，得られた知見をまとまりよく提示した報告書になるだろう。アセスメント（評価）の結果はまた，学術発表や論文発表の土台にもなりうる。ただし，機密情報は決して公表しないこと，またアセスメント（評価）結果を公表することについて参加者の同意を得ることに，留意する必要がある。

　また，アセスメント（評価）結果をより広く，より迅速に広めるのであれば，

別の形で報告することも検討する必要がある。たとえば，主な知見をポスターにまとめて，大学のカフェテリア，図書館，学生会館，その他の中心的な場所に掲示することもできる。また，知見のいくつかをピックアップして，参加者の声とともに大学のウェブサイトにアップすることもできる。その他，年報，地域の最新ニュース，テーマを絞ったパンフレットなども活用することができる。

▶ 小 括

　アセスメント（評価）は自分たちの取組みの価値について知らせるときの貴重な手段となる。とくに，シビックエンゲージメント（市民的社会参画）に関するサービスラーニングやその他の活動といったアプローチの効果を実証したい場合には，そのアプローチが違いを生み出せるというエビデンスを提示する必要があるし，さまざまな関係する集団における個別の効果を示す必要もある。よいアセスメント（評価）を行うには，連携や，時間とエネルギーの投資も必要である。アセスメント（評価）ではまた，その性質上，長期的な視点をもつ必要もある。なぜならば，アセスメント（評価）の努力は決して終わることがないからである。それでもなお，そのプロセスに継続的にかかわることで，高等教育改革における重要な側面に関する価値とニーズに適切に対処するために必要な，また高等教育が提供するプログラムやサービスの継続的な改善に必要な情報を得ることができる。

　次章以降では，サービスラーニングおよびそれに関連する地域参画活動のアセスメント（評価）にかかわるさまざまな「関係者」を同定する。それぞれの章では，概要，手段，適切な手段を用いるための手引きが提示される。

第3表　アセスメント（評価）手法の比較

手段	デザインの問題	データ収集	データ分析	回答内容
質問紙調査	・比較的複雑で労力がかかる ・調査デザインに専門性を要する ・印刷，郵送，回収の資源	・回答者を確保する努力 ・サンプル調査か全数調査か ・回答者集めのために既存のリストを使用	・統計学の知識が必要 ・手作業による分析またはコンピュータによる分析	・限定的 ・簡単な言葉を使わなければならない ・詳細ではない
対面インタビュー	・専門家にとっては比較的デザインしやすい ・対象者の選択 ・面接者の研修	・代表性確保のためには対象者の選択が重要 ・時間がかかる（一対一） ・同意が必要	・長くかかる ・質的分析のスキルが必要	・自分の言葉 ・幅広い意見 ・詳細 ・内省的
フォーカスグループ	・専門家にとっては比較的デザインしやすい ・対象者の選択 ・面接者の研修	・代表性の範囲を確認する ・時間がかかる ・ファシリテーションの専門性 ・同意が必要	・長くかかる ・質的分析のスキルが必要	・非常に詳細 ・力動的
電話インタビュー	・専門家にとっては比較的デザインしやすい ・対象者の選択 ・面接者の研修	・対面よりも時間がかからない ・拒否の数が増える可能性	・長くかかる ・質的分析と量的分析のスキルが必要	・自分の言葉 ・幅広い意見 ・詳細
観察	・専門家にとっては比較的デザインしやすい ・観察者の研修	・観察に時間がかかる ・同意が必要	・長くかかる ・質的分析のスキルが必要	・さまざまである（固定またはオープン） ・観察者の言葉および参加者の言葉の引用
刊行物・記録の参照	・専門家にとっては比較的デザインしやすい	・記録の発見と精査に非常に時間がかかる可能性 ・最初のアクセスに時間がかかる可能性 ・記録の完全さ，比較可能性，正確さがさまざまである	・さまざまである（収集されるデータの種類による） ・分析結果をすでに入手できる可能性	・限られている，または幅広い
日誌またはクリティカル・インシデント・レポート	・専門家にとっては比較的デザインしやすい	・時間を取ることへの対象者の意欲しだいというところが非常に大きい	・内容が多ければ長くかかる ・分析結果をすでに入手できる可能性	・さまざまであるが，詳細かつ自分の言葉であることが必要 ・非常に個人的

柔軟性／正確性	バイアス	設問の種類	副次的利益／不利益
・質問が妥当であれば正確 ・一度デザインされたら柔軟性は低い	・少ない（質問のデザインでコントロールする）	・主にクローズド	・妥当性が高ければ一般化可能 ・さまざまなオーディエンスに報告しやすい ・結果をPRや宣伝に使える場合がある
・手順書の範囲内であれば柔軟性が高い ・精査される	・面接者がもたらすバイアスが高い可能性 ・非言語の問題	・オープンな質問 ・対話形式	・豊かな情報が得られる ・比較が可能になるには多数の対象者が必要 ・労力および時間がかかる
・手順書の範囲内であれば柔軟性が高い	・脱線する可能性が高い ・参加者間で生じる可能性 ・非言語の問題	・オープンな質問 ・対話形式	・参加者はお互いに意見を積み上げ，相互作用できるので，1人だけの時よりも多くのアイデアを生み出すことができる
・手順書の範囲内であれば柔軟性が高い	・非言語の問題はない	・オープンな質問 ・対話形式または調査形式	・早期終了の可能性が高い ・回答が偽られる可能性 ・調査とインタビューの長所を併せもつ
・柔軟性が高い	・観察者が入るので高い ・観察者の存在が行動のバイアスになりうる	・オープンまたはクローズド	・"実際の"相互作用を観察できる ・観察者の存在によるバイアス ・さらなる問題解決やコンサルテーションの機会 ・主要なデータを補強する ・得られるリストの価値が不明確
・手順書やレポートのスタイルと形式による	・収集のバイアスが高い可能性 ・何が記録されているかのバイアス	・オープンまたはクローズド	・主要なデータを補強する ・よりよい記録保管が促進される可能性 ・過去に考慮されていなかった問題が生じる可能性 ・多くの情報が得られるが価値が不明確
・柔軟性が高い	・回答者が含めるか含めないかを選ぶ	・一般的ガイドラインに基づく範囲内でオープン	・主要なデータを補強する ・それがなければ得られないような情報を明らかにする ・評価の文脈にほとんど関係がない情報が多く得られる可能性

第4表 時間と価値の一般的ガイドライン

手段	準備時間	実施時間	分析時間	その他の課題	アウトプット
質問紙調査	1-4日	調査の長さによってさまざま（1つの調査あたり5分から1時間）	質問のデザインおよび分析のオートメーション化によってさまざま	データベースおよび／あるいは統計学の専門性が必要	・多くのデータ ・測定可能な変動が少ない ・数量的レポート ・多くの場合一般化可能
インタビュー	半日	1回のインタビューにつき1.5時間	1回のインタビューにつき3時間＋データの統合	質的データを扱った経験が必要	・大量の紙とテープ ・一人ひとりの物語 ・個人的な言葉とエピソード ・数量化できない ・一般化できるのは多数のインタビューをしたときのみ
フォーカスグループ	半日	1回のフォーカスグループにつき1.5時間	1回のフォーカスグループにつき3時間＋データの統合	質的データを扱った経験が必要	・大量の紙とテープ ・一人ひとりの物語と言葉 ・グループ内の力動的な相互作用 ・お互いの対話 ・数量化できない ・新たな問いが浮き彫りになることがある ・一般化できるのは十分な再現性があるときのみ
観察	半日	観察に必要な時間	非常に長い場合もあるし、非常に短い場合もある	観察の時間アクセス	・厚みのないデータ ・他の情報源を補い、さらなる洞察を与える
刊行物・記録の参照	アクセスするまでの時間	長い	長い	アクセス	・豊富さは文書の質による ・ナラティブあるいは数量的なデータを補完する ・既存の情報を生かす
日誌またはクリティカル・インシデント・レポート	1-2時間	個々人の時間が多くかかる（評価者の時間ではない）	長い	時間を取ることや手法や書式を順守することへの対象者の意欲	・豊富な物語、さまざまな焦点 ・一般化できない ・省察を促進する ・他の手法や洞察を補う

学生への効果

▶ なぜ学生への効果をアセスメント（評価）するのか

　サービスラーニングが学生にもたらす効果についてアセスメント（評価）が必要であると，さまざまな関係者が要請している。まず，高等教育機関は，労働市場に送り出す準備ができているかという点で，卒業生の水準に対して，絶えず責任を負っているから，すべての科目に対して厳格にアセスメント（評価）することを提唱している。サービスラーニングのような新しいプログラムや教育方法は，大学機関にとっての価値や学生の学びに貢献しているのかを証明できるか，試練を受けている。

　さらに，高等教育機関は，アセスメント（評価）に取り組むことを求められている。大学教員は，担当科目および学生の学びにおいて教育方法の効果を理解するためには，アセスメント（評価）が必要であると訴えている。サービスラーニングの効果をデータによって理解しようとする教員は，しばしばデータを用いることで，自分たちの教育方法を継続的に改善している。アセスメント（評価）は，この教授法を同僚たちに厳密に実演しなくてはいけない教員にも役立つものになっている。

　アセスメント（評価）は，こうした学習法に「なぜ」取り組む必要があるのか，という学生の疑問に答えるための手段を教育者に提供することになる。サービスラーニングの関係者と同様に，学生も，自らの学習経験を構成するサービスラーニングの効果を見つけ出そうとしているのだ。他の関係者もそうだが，これらの質問に対する答えは，アセスメント（評価）データから明らかになる。地域の人々は，自分たちはどのように学生たちの学びに対して貢献できるかと

いう理解をより深めるために，学生たちの学びと経験に関するデータをアセスメント（評価）しようとする。地域の人々は，学生の取り組む活動をアセスメント（評価）し，地域の要因や社会的責任についての知識が蓄えられているのかを理解するうえで，重要な役割を担うだろう。最終的に，サービスラーニングの実践者たちは，こうした活動の優位さと困難さを記録するために，効果のアセスメント（評価）を提唱しているのである。また，実践者たちは，学習成果が達成されるように，さまざまな学問的な背景をもつ教員と学生たちが採用した革新的な手法を記録したアセスメント（評価）データも利用する。こうしたアセスメント（評価）が普及することは，実践者にとっては，学生たちの学びの質を高めるために役立ち，さらにサービスラーニングという領域が成長していくことにも貢献しているのである。

　サービスラーニングに対するさらなるアセスメント（評価）の必要性と意義は，1991年に教育界のリーダーたち40人が，ウィングスプレッド会議で，全米インターンシップおよび経験教育学会（National Society for Internships and Experiential Education）（当時）に招集された際に明らかとなった。この初期の議論にかかわった参加者たちは，毎年，サービスラーニングに参加する学生たちの数が伸びていることを指摘した（Giles et al., 1991）。そして，サービスラーニング科目において，学生たちの経験を記録するということが不足していることを指摘した。こうした教授法が学生たちによい教育効果を上げているというデータはわずかであり，これは全米的な課題であるとみていた。この分野の専門家は，学生への効果が潜在的にあるとみられる特定の領域について研究することが喫緊の課題であると感じていた。それらの領域とは，以下の通りである。

- サービスラーニングに取り組むことにより，学生たちはどのような知識を得ることができるのか。
- サービスラーニングは，学生の自己と他者意識に対して，影響をおよぼしているのか。
- サービスラーニングは，向社会的な態度や行動の向上に影響を与えているのか。

- サービスラーニングは，よき市民を育てるために影響を与えているのか。
- 年齢や社会的な地位，学生の発達段階や社会的な背景などの要素は，サービスラーニングによる学習成果にどのように影響を与えているのか。

会議の参加者は全米的に実践者と学生がこの分野でともに研究を進め，そこから得た知見を広めるよう，同僚たちに呼びかけた。ウィングスプレッド会議以降，学生の学びをアセスメント（評価）することが高等教育機関において，緊急かつ重要であるとされているなかで，こうした教育方法を十分に理解することなしに，コミュニティで活動する学生の数が増えている。貢献活動の質と学びの成果を最大限に高めるため，学生が取り組むサービスラーニングの経験は，体系的にアセスメント（評価）されなければならない。

学生におけるサービスラーニングの効果についての理解

1991年のウィングスプレッド会議以降，研究者たちはサービスラーニングが学生に与える影響に関しての論文を次々と発表した（Alt & Medrich, 1994; Anderson, 1998; Astin & Sax, 1998; Eyler & Giles, 1999; Eyler, Giles & Gray, 1999; Gray, Ondaatje et al., 1999）。Astin は，*Assessment for Excellence* (1993) のなかで，複数の大学に所属する学生の学びの成果について，異なる形式のデータを集めて省察できるような有効な類型を示した。学生の学習成果は，認知面と情動面で表現される。認知的な学習成果には，理論に関する知識や批判的な思考，問題解決，意思決定における能力が含まれる。情動的な学習成果としては，地域の課題やサービスラーニングでかかわった当事者，地域での貢献活動，個人的な価値に関する態度への変容がある。心理的なデータは，学生の内的状況を参照し，行動に関するデータは，「学生の観察可能な行動」を参照する（Astin 1993, p.44）。最後に，この研究での時間の次元は，大学在籍中という短期間と，大学を卒業してからをも範囲とする長期間とのいずれかに，焦点を当てることになる。

これまでのサービスラーニング研究のほとんどが，学生の学習成果に関する

心理的なデータを収集していた。数多くの研究が，学生の他者に対する態度 (Giles & Eyler, 1994; Myers-Lipton, 1996; Battistoni, 1997) や貢献活動そのものに対する態度 (Buchanan, 1997; Gilbert, Holdt & Christophersen, 1998; Astin & Sax, 1998; Astin et al., 2000) を測定している。観察可能な学生の行動に基づいたデータを収集した研究は，ごくまれであった。Battistoni (1997) の研究においては，民主主義の原理がモデル化された場として，教室での学生の行動の観察を含んでいた。さらに，いくつかの研究では，学生に対して，自分たちの態度について報告することを依頼するようなものもある。Astin & Sax (1998)，Sax & Astin (1996)，Astin et al. (2000) は，ボランティアをしている間の学生の行動とそれに対する反応を含んだものだった。学生に自らの態度についての報告を求めるような情動的な性質について考えた研究が多数を占めるなかで，批判的思考能力や意思決定能力といった認知的な学習成果に焦点を当てたものもある (Wechsler & Fogel, 1995; Berson, 1998; Battistoni, 1997; Gilbert et al., 1998; Batchelder & Root, 1999)。

　Astin (1993) が提起した，もうひとつの方法論的課題は，それぞれの研究における時間の次元の問題である。ほとんどの研究は短期間，もしくは学生の在学期間における学習成果をアセスメント（評価）したものに類型化されるだろう。Sax & Astin (1996) は，在学中だけでなく，卒業後にも時間をかけてデータを集めた唯一の研究である。また，学生の学習成果を短期的にみる研究であっても，さまざまな時間軸で学生をアセスメント（評価）している。Jordan (1994) は，6週間のサービスラーニングの経験に従事した学生からデータを集めたうえで，より長い経験であれば，さらに有効なことが証明できるかもしれないと示唆している。Myers-Lipton (1996) や Astin et al. (2000) による厚みのある知見は，学生におけるサービスラーニングの長期的な影響を研究することへの理論的根拠を与えている。

　これらの研究者たちは，全米経験教育学会 (National Society for Experiential Education) によるサービスラーニング研究の呼びかけに応じた (Giles et al., 1991)。ウィングスプレッド会議では，重要な問いが形成された。すなわち，教授法や学習法の形式が学生に与える効果という課題をめぐる問いである。そ

れ以来，研究者や実践者，博士課程の学生たちは，文献の不足を補うべく，努力を続けた。本書の筆者らは，異なる手法を組み合わせて研究したり，推奨したりすることで，この可能性を秘めた価値あるものを定義づけしようとした (Driscoll, Gelmon et al., 1998)。一方で，サービスラーニング科目での学生を研究するために，質的調査手法だけを用いた研究もあった (Battistoni, 1997; Gilbert et al., 1998)。ほかの研究者たちが，貢献活動の効果について大規模な国レベルの量的なデータ収集を用いていた (Sax & Astin, 1996; Astin & Sax, 1998) のに対して，ユタ大学のように，いくつかの大学においては，貢献活動がもたらした効果についての組織レベルでのデータ収集が行われている (Buchanan, 1997)。

Michigan Journal of Community Service Learning のサービスラーニング研究のための戦略的な方向性に関する特別号において，Eyler (2000) は，過去10年間の研究の大半は，サービスラーニングが学生の個人的，社会的な発達に効果を与えているということに申し分のないエビデンスがある一方，こうした教育方法が学生の認知面にもたらす効果についてのエビデンスはほとんどないと指摘した。ポートランド州立大学の研究者の取組みは，こうした不足を縮減するため，一連の研究のコンセプトや計測の方略をもった領域を提示している (Driscoll, Holland et al., 1996)。本書に示される包括的な専門的な技術は，研究者たちが学生の個人的，社会的な発達はもちろん，認知的な発達を記述することを理解したり，表現したりするのに有効であるといえる。

私たちのアセスメント（評価）プロジェクトは，サービスラーニングの学生への効果を学び，記述するための手段として着手された。そうするために，効果の本質を表現することを企図した手法で集めた多様なデータと，各々のツールが学生への効果を明らかにする多様な情報とを取り入れることにした。さまざまな測定方法が試された結果として，サービスラーニングに取り組む学生たちをめぐって，知的な学習成果や，問題解決能力，関与のレベルを記述するのに，どの方略が役立ちそうかということがわかってきた。

▶ 学生への効果のためのアセスメント（評価）マトリックス

　ポートランド州立大学での私たちの取組みでは，初期の段階で，唯一の仮説によって効果がもたらされているのだろうといった，考慮の範囲を狭めるような調査は行わないということにした。この取組みは，探索的な研究であり，包括的に進められるものであった。それゆえに，私たちがもっていた仮説のひとつは，サービスラーニングは，学生に何らかの効果をもたらしているだろうというようなものだけであった。私たちは，学生への効果を理解するのに役立ちそうなキー概念（変数）を定義するために，文献や組織的な観察の先行事例にあたった。この概念は，第5表に示した。この概念リストは，サービスラーニングに取り組んだ学生にもたらされる効果をアセスメント（評価）するための焦点や詳しい手段を定めるための枠組みを提供している。この概念リストが作成された時点で，私たちは，各々の概念について，その概念の有無を表現するための測定可能な指標を作成した。学生が，ある概念を経験し得るには，さまざまな方法が考えられ，それを丹念に解明するためには，各々の概念に複数の指標が必要である。

　サービスラーニングが学生に対して効果があるということをアセスメント（評価）するプロセスを開発するなかで，私たちにとって，まず困難となったのは，この学習の形式を評価するのに利用できる，既存の実証された有効な方法が不足していたということである。Eyler & Giles (1994) は，学生に関する変数や指標，学習成果が多義的であることで，サービスラーニングの目的を一定に描けず，そのことが，アセスメント（評価）のための方法の欠如につながっていると主張している。大学は各々でサービスラーニング・プログラムの到達目標を定義している。いくつかの大学は教育課程に位置づけているが，ある大学では厳密には教育課程の外に位置づけている。いくつかの大学は社会的正義や市民性の発達を重視しているのに対して，ある大学は学科教育の内容に接続する教育手法として，サービスラーニングに注目している。プログラムの目標がこのように多様であることは，サービスラーニングによる学習成果を一定の形でアセスメント（評価）することが，不可能ではないにしても，難しくしている。

その結果，サービスラーニングが学生に与えている効果を測る術を，教育者たちは，ごく限られたものしか生み出すことができずにきたのである。

この本の筆者たちは，サービスラーニングが，教員や学生，地域のパートナー，機関の文化に対してもたらす効果をアセスメント（評価）することの難しさに向き合った。とくに，私たちは，授業における学びを向上させることに焦点を当てた，教育課程に位置づけられたサービスラーニングの効果を測ろうとした。そこで，私たちは学生に対する効果を説明する一連の変数と，科目内容に結びつけられたサービスラーニングに取り組んだ学生にもたらされた効果を表現するための指標とを開発した。

「地域社会に対する気づき」「地域社会への参画」「貢献活動に関する関与」「多様性に関する感受性」はすべて，学生にもたらされた心理的な変容という効果を測るための概念である。学生たちが，地域の課題や強みを知ったり，地域の心配ごとに対応する際に，果たすべき役割を理解したり，以前は一員ではなかった地域社会で，ともに活動する感受性を培ったりすることで，こうした心理的変容を測ることができる。極めて重要な効果を示す変数だが，これらはすべて，Astin (1993) が学生の情動的な学習成果と呼んだものである。

- **地域社会に対する気づき**：地域社会が抱える課題やニーズ，強み，問題，資源について，気づきや理解があるか，あるいは深まっているかどうかを判定しようとする。
- **地域社会への参画**：地域社会との相互作用の質と量や，地域のパートナーとともに活動する際の積極的ないし消極的な態度，地域のパートナーから反応や感想を得ることを求めたり，重視したりしているかどうか，学生や地域のパートナーがこうした関係性から利益を得ているかどうかに関する認識などを指している。
- **貢献活動に関する関与**：現在の貢献活動への学生の態度をみたり，将来の貢献活動への計画や制約をみたりすることで測ることができる。
- **多様性に関する感受性**：学生がこれまでなじみがなかった地域社会ととも

に活動する際にあらわれる態度や，そこでの活動に居心地の良さや自信を増すこと，新しい地域社会についての知識を得るという認識から測ることができる。

「キャリア開発」「科目内容への理解」「コミュニケーション」のような概念は，学生の認知発達への効果を測るのに役立つ。Eyler (2000) が指摘するように，学生の認知発達への効果を測定することは，多くの大学が果たすミッションの心臓部であるゆえ，極めて重要なのである。これらの概念は，学生たちのサービスラーニングの経験が，キャリアの決定に影響を与えたり，将来のキャリアで必要となる技能を高めるための機会になったりすることに生かされる程度を測る指標をなす。ポートランド州立大学のサービスラーニング・プログラムは，そもそも，カリキュラムに即したものなので，ポートランド州立大学の研究チームがとりわけ重視した概念は，「科目内容への理解」だった。この概念は，学生が教室で学んだことを，コミュニティの具体的課題に対応させたり，貢献活動が授業での話題や，学習目標とどのように結びついているのかを理解する能力によって示される。「コミュニケーション」は，地域社会の課題に対する働きかけに必要な，多様なコミュニケーションを通して，その能力が培われる際に明らかになる。そして，学生にこれらの3つの概念への効果が表れたならば，彼らの認知的な変容や成長を明確に実証することになるのである。

- **キャリア開発**：専門的機能の高まりや，貢献活動を行うフィールドで求められる技能についての気づきの高まりによって測定される。この変数は，今後進みたい職業的な方向性を理解するのと同時に，キャリアに対する知識が（肯定的にも否定的にも）高まったのかも測定しようとしている。
- **科目内容への理解**：科目の目標と地域に根差したプロジェクトとを明確に結びつける学生の能力を測定する。
- **コミュニケーション**：新たなコミュニケーション能力を獲得できたかもしれない，という学生自身の認識や，地域社会に根差した学びの経験のなかで浮かんでくる複雑な関係性において，コミュニケーションが果たしてい

る重要性を測定する。

「自己認識」「独立心」「多様な先生の存在に価値をおくこと」は，学びの共同体（ラーニングコミュニティ）の一員であるという学生自身の理解や，地域社会でのプロジェクトや授業に自分自身や学生どうしが貢献する技能や見通しを測定しようとする概念である。「自己認識」の概念は，学生が，自分がどんな点で貢献したのか，強みや限界について認識したときに明らかになるものである。それは，また，これまで信じてきたことについて，修正したり，もう一度考え直したりするときに獲得されるものでもある。「独立心」は，学習者のコミュニティに貢献しているという自分自身への認識によって，測ることができる。地域のパートナーが，価値ある知識をもっており，科目の終わりには，質の高い価値のある成果物を生み出すことに貢献するために，学生たちの面倒を見ているのだと彼らは認識するようになる。「多様な先生の存在に価値をおくこと」に関しては，サービスラーニング科目が，伝統的な教室での教授法と異なる様式を提供している，という事実に対応したものである。これらの経験における学生の学びにおいて，学生どうし，地域のパートナー，大学教員がそれぞれに重要な役割を果たしているということを，学生が正しく理解できるようになるということである。

- **自己認識**：学生が，科目と地域社会でのかかわりをやり切ったことでみえてくる，自分の強みと弱みについての認識を測定するものである。この変数は，地域社会でのかかわりによって，学生たちがこれまで信じてきたことへの変化の兆しによっても測定される。
- **独立心**：大学教員からの自律や自立によって測定される。地域のパートナーを知識の源泉としてみる学生の能力や，質の高い成果を地域のパートナーにもたらす責任を果たすことで高まる授業に対する学生の投資といったことすべてによって，この変数を測定することができる。
- **多様な先生の存在に価値をおくこと**：大学教員や学生，地域のパートナーとの間の役割の変化を，学生が記述したものによって測定する。と同時に，

学生どうしや地域のパートナーが教え，大学教員が学ぶ，といった，それぞれの役割の転換が起こりうるという学生の認識によっても測定する。

学生への効果をアセスメント（評価）するための方略

　有効で適切なデータを収集するために適切な方略を明示し，デザインした。質的手法と量的手法が，生起する異なる形式の学びについて考えるためには不可欠だった。Creswell (1994) は，複数の方法を組み合わせたアプローチを使うことを推奨している。サービスラーニングをアセスメント（評価）する際の私たちのアプローチは，複数の方法を組み合わせて調査することで，調査結果の有効性が高まることを示している。私たちは，学生へのインタビューの文字起こしや授業観察，学生への質問紙調査からの知見を確かめることで，データを多重に測定することができた。さらに，将来，地域社会に参加することについて，サービスラーニングから受けた効果をめぐる学生の意識に関して，私たちは，質問紙調査で得たデータを，学生へのインタビューで補完することができた。インタビューによって質問紙調査で集めたデータのさまざまな側面を，さらに深く，学生から説明を受けることができた。これは，たとえば学生が思い込みや偏見に気づくようになったというように，個人的な情報を集める際にとりわけ有用であった。学生へのインタビューを引用することで，サービスラーニングの経験が学生に与えた影響について，統計的なデータがより豊かで記述的なものになった。この過程で，研究者（私たち）は，質的量的なアプローチを使った。その結果，サービスラーニングの経験を通して，学生が発見しえた新しい概念を取り入れ，研究を拡張することになった。

　ここまで述べてきた目的に加えて，複数の方法を組み合わせ，多様なデータを用いることで，ポートランド州立大学の研究チームは，どの方法が，多様な概念に有効で，適切なデータをもたらしうるのかを理解することができた。定量化できる心理的な概念が少なかったなかで，インタビューやフォーカスグループが，個人の成長の兆しにサービスラーニング科目が関係しているかを調査しうる方法であった。授業観察や，地域での観察，質問紙調査は，サービスラ

ーニングの経験が学生の認知能力の発達に与えた効果をとらえる可能性がある。収集されたデータすべてにいえることだが，じかに観察したり，個別またはグループでのインタビューからは，質問紙調査ではとらえきれないであろう学生の認知的な成長に関する効果を示す具体的な示唆を研究者は手にすることができる。地域社会での取組みによって発達した技能を議論し省察する機会を設けることで，学生たちは，多様で具体的な事例をたくさんもたらしてくれる。

》 質問紙調査

質問紙調査の長所　質問紙調査をアセスメント（評価）のツールとして利用するいちばんの長所は，分析が容易であることだ。多くの高等教育機関は機関調査（IR）の組織を置いているか，もしくは統計的なデータを収集したり，分析する力を備えた教職員を置いている。こうした環境があることで，科目を幅広い視点で分析でき，独自の研究テーマを設定し，データを詳細に分析することもできるのである。

　こうして開発された質問紙調査は，現在ではポートランド州立大学において年間3,000人以上の学生のデータを収集する際に利用されている。これにより，私たちは，サービスラーニング科目の質や，この教育方法に対する学生の態度，学習に関する学生の意識，学生の思考の成長について，実質的な観察を行うことができる。さらに私たちは，さまざまなレベルで行われているサービスラーニング科目が学生に与えている効果も比較できる。具体的には，サービスラーニング科目を1年次に受講した学生と4年次に受講した学生とでは，受ける影響や効果に違いがあるのか，などである。それに加えて，サービスラーニングの形態による比較も可能にしている。地域のパートナーや人々に直接ふれる機会のある科目を受講した学生と，地域のパートナーと直接にはふれあわない科目（たとえば間接的な研究プロジェクトのようないくつかの形態）を受講した学生とでは，影響の受け方に違いはあるのかなどの比較である。最後に，質問紙調査によって，大学機関は，多様な学生層を比較することも可能になる。具体的には，いわゆる伝統的には大学生の年齢とされていない層と，伝統的に大学生とされる年齢の学生とでは影響の受け方が異なっているのか，サービスラーニ

ング科目を受講した学生の反応は，男性と女性とで異なっているのかなどである。こうして質問紙調査を実施することで，大学機関が大規模な集団のデータを分析する機会を得ることとなり，サービスラーニングが多様なタイプの学生に与える効果を理解することができる。

質問紙調査の短所　このデータ収集の方法には，いくつかの限界がある。第一に，質問紙調査を単独で用いる際の限界は，評価する際に，「学生の声」を量として扱わざるをえないということである。学生たちは自分たちの成功談や悩んでいること，学びを共有する機会をもつことができないのである。第二に，学生が地域社会で直面する個人の葛藤や困難をとらえていないことが多い，ということである。インタビューで多くの質問をすると，学生たちは満足している出来事やそうでないことも含めて，自らの経験についてとても豊かに話をしてくれるのに，である。第三に，学生が自らの学習経験を評価するにあたり，影響を受けた複数の要因を明らかにすることはできない。第四に，短期間のサービスラーニングの経験が終わって，あまりにもすぐに実施される質問紙調査は，学生の気づきに関するさまざまな効果や変化について，十分にとらえることができない。こうしたことから，私たちは，学生の経験をより深く理解するような，インタビューやフォーカスグループを織り交ぜることを提案する。

▶ インタビュー

インタビューの長所　まず，インタビューが優れている点は，学生が経験した文脈を考慮したデータが得られることである。たとえば，学生たちが，仕事や家庭での多くのやるべきことをやりくりしながらの忙しい生活のなかで，どうやって地域参加を行うのかといったことを，彼らが話し合うということもある。さらに，インタビューは，サービスラーニングで最も重視されている振り返り（省察）を促進し，学生の学びに変容をもたらす意味深い契機にもなっている。こうした変容の契機は，人種や階級，ジェンダー，差異といった，地域社会における課題に学生が直面した際によく起こる。調査者は，インタビューのなかでの学生の語りを聴くうちに，これらの科目のなかで起こったこと，すなわち，学生が地域にかかわる過程で生まれた相互作用に目を向けるように

なる。最後に，インタビューは，サービスラーニング科目の質を改善するための明確で具体的な推奨提案をもたらしてくれる。たとえば，本書に収録されている学生へのインタビューの手順書では，学生が直面したサービスラーニングの経験に対する準備の質に関して，学生の視点から気づいたことがとくに引き出されるように編まれている。この情報は，地域社会でこの種の活動をするために，学生によりよく準備させるための計画づくりをする大学の管理者や教員にとって，手助けになるものである。たとえば，このデータ収集の結果，大学の管理者は，ますます民族的，経済的に異なっていく地域社会に入っていく時には，学生には多様性に関する研修を受けさせるニーズが高まっていることを見極めることができる。

インタビューの短所　インタビューの限界は，まず，分析に多大な労力を要することである。研究者らは，何百ページにもおよぶ文字起こしされたデータを扱うことで動きが取れなくなり，データを分析するために時間や資源，有能なスタッフの働きが，非効率に費やされる状況が生まれてしまう。サービスラーニング科目で，学生が経験し，そこで育まれる学生の学びをとりまとめる立場にある大学機関は，さまざまな資源を適切に配分する必要がある。そうすることで，インタビューを文字に起こしたり，分析したり，データから知見を報告書にまとめたりできる。具体的に調査する変数や指標に焦点を当てたインタビューの手順をデザインすることで，分析するのに無理のない計画が作られ，想定される困難を乗り越える手助けになる。

フォーカスグループ

フォーカスグループの長所　フォーカスグループのとても優れた点は，学生が経験から学んだ教訓を省察したり，他の学生と学びを共有したりする機会が得られることである。学生たちは，仲間の学生から重要な視点や骨折り話を聴き，共有することで，新たな視点をもつことができるし，他の学生が発言した意見とのつながりを形成することができる。また，フォーカスグループは，研究者らが学生の声に対しても注意を向ける機会にもなる。学生たちへのインタビューの記録同様，フォーカスグループも，地域での学生たちの個別的な経

験についても注意を向ける。研究者たちは，サービスラーニングの経験が学生の学びにどのような影響を与えたのかをとらえるような注意深い質問をすることもできる。さらに，フォーカスグループは，生じた学びを再確認し，科目をやり切るに至るまでの進歩を表現するための強力な手段となる。また，学生が，サービスラーニング科目の質を改善するための提言を直接に伝える手段ともなる。ここで学生らは，建設的な批判を示し，プログラムの改善を概念化するような批判的な思考力を獲得する機会を得るのである。

フォーカスグループの短所　フォーカスグループを活用してデータ収集を行う際には，いくつかの短所がある。①フォーカスグループは，学生が時間を決めて同じ場所に集まり，決められた時間で実施することが求められる。予定した打合せ時間のあいだに，学生が集まるだけならできそうなのだが，学生が集まる場面をうまく設定するという，手続的な要求をかなえるには困難がある。なぜなら，限られた授業時間内で実施し，フォーカスグループのために授業を切り上げることは，いつもできることではないからである。②フォーカスグループの記録をきちんと録音できる機械があること。フォーカスグループの参加者たちの声を鮮明に記録できる優れた機械が手元にあることはとても重要であるが，これは技術的な課題でもある。③インタビューの際と同様，フォーカスグループのデータを分析するには，大変な労力が必要であり，文字に起こしたデータを分析するには研究者の負担が大きい。④地域社会での経験について省察するのに十分な時間が取れず，科目内容に関連づけて地域社会での経験を十分に議論できない場合には，フォーカスグループは，地域社会に根差した環境で活動することの手続的な困難さが議論される場になってしまう。フォーカスグループのようなグループ活動では，ひとたび，学生が地域社会の環境のなかで活動することの手続的制約について議論し始めると，議論を転換して，学びについての深い分析に向かわせることは，とても困難になってしまう。

小　括

　私たちは，これらのすべての方法によってデータを収集すれば，これらの複雑な科目のダイナミクスを深く理解できるということを学んだ。データを複数の方法で測定し，学生への効果に対する確かな意義を発展させるための手段を得た。これは，大学教員や地域のパートナー，大学機関など，本章に続く後の章でも同様に吟味する。インタビューやフォーカスグループのような，より大変な労力が必要な手段をとることが難しい場合にも，質問紙調査から得られたデータを説明し，うまく分析する手順が開発されているので，効果を理解するためのひとつの代替手段として，今では，学期末に行う質問紙調査を活用できる。

第5表　学生へのアセスメント（評価）マトリックス

何を知りたいのか（概念）	どのようにそれを知ろうとするのか（指標）	どのように測定するのか（手法）	誰が，あるいは何がデータを提供するのか（情報源）
地域社会に対する気づき	・地域の課題についての知識 ・地域の強みやニーズを明らかにする能力 ・コミュニティの強み，問題，資源の理解	・インタビュー ・フォーカスグループ ・授業観察	・学生 ・教員 ・地域のパートナー
地域社会への参画	・相互作用の量と質 ・参画への態度 ・地域のパートナーと学生の間の相互依存 ・地域からのフィードバック	・インタビュー ・フォーカスグループ ・授業観察 ・地域における観察	・学生 ・教員 ・地域のパートナー
貢献活動に関する関与	・現在の貢献活動経験への態度 ・将来行う貢献活動に関する計画や障壁 ・貢献活動を求められたり，困難に出くわしたりした際の反応	・インタビュー ・フォーカスグループ ・質問紙調査	・学生 ・教員 ・地域のパートナー
キャリア開発	・キャリア選択，機会 ・キャリアに関連した職業的技術の向上 ・貢献活動の経験に関連したキャリア準備の機会	・質問紙調査 ・インタビュー ・フォーカスグループ	・学生 ・教員 ・地域のパートナー
自己認識	・自分の強みや限界，目標，不安への気づき ・これまでの根拠のない思い込みを改めること，信念をきちんと述べること	・インタビュー ・質問紙調査 ・授業観察	・学生 ・教員 ・地域のパートナー
科目内容への理解	・内容を理解し応用する際の地域社会での経験の役割 ・地域社会での経験と科目内容との関連性への気づき	・インタビュー ・質問紙調査 ・授業観察	・学生 ・教員 ・地域のパートナー
多様性に関する感受性	・多様性に関する理解と態度 ・新たなコミュニティについての知識 ・地域社会の環境での自信と安心	・インタビュー ・質問紙調査 ・地域における観察	・学生 ・教員 ・地域のパートナー
独立心	・教員からの自律と独立 ・関係性のなかでの学習者や提供者としての役割意識 ・地域でのプロジェクトに対する責任感	・フォーカスグループ ・授業観察 ・インタビュー	・学生 ・教員 ・地域のパートナー
コミュニケーション	・明確な技術向上への気づき ・コミュニケーションの重要性の認識 ・口頭や記述での立証できる確かな能力	・インタビュー ・授業観察 ・地域における観察	・学生 ・教員 ・地域のパートナー
多様な先生の存在に価値をおくこと	・学びにおける学生どうしの役割 ・学びにおける地域のパートナーの意識と役割 ・学びにおける教員の役割	・フォーカスグループ ・授業観察 ・地域における観察	・学生 ・教員 ・地域のパートナー

方略と方法：学生

学生への質問紙調査 ………………………… 50

学生へのインタビュー ………………………… 60

学生へのフォーカスグループ ………………… 64

G 学生への質問紙調査

●目 的

　学生への質問紙調査の実施は，サービスラーニング科目の経験にかかわる学生の考えや態度，さまざまな課題を明らかにすることをねらいとしている。質問紙調査は，サービスラーニングの経験に関して，同意するレベルを表してもらう5件法のリッカート尺度を基本にしている。この尺度は，「全くそうは思わない」「そうは思わない」「どちらともいえない」「そう思う」「とてもそう思う」という幅で与えられる。調査項目は，貢献活動に関する学生のとらえ方や態度，学生の専攻やキャリアの選択に対して，どのような影響があるか，科目の課題に関しての理解の深度，多様な問題に関しての見解，自己意識に関する認識，同級生や地域のパートナーが学びを進めるうえでの役割をアセスメント（評価）している。さらに，質問紙調査では，学生の民族的な背景，年齢，性別，階級，そして雇用状況といった人口統計学的なデータも提供している。

　質問紙調査という手段は，大学でのひとつの科目やそれを横断した形で，学生の考え，人口学的な数値を明確にするために有効である。標準化された質問紙の様式であれば，大学機関にとっては，すべてのサービスラーニング科目で，この調査を実施することが可能となる。収集されたデータは，個々の教員が，サービスラーニングが学生に与えた効果について，自分が担当する学生の意識を理解するために有効である。また，大学の機関全体で，サービスラーニングの効果を表現したり，計測したりする情報を提供することにもなる。大学にとっては，質問紙調査は，多くの学生からの情報を収集するための最も効率のよい方法なのである。それゆえ，学生全体から幅広い意見を得て，大学機関がそれについて主張できることにこそ，質問紙調査の意味がある。こうした手法は，多様な学生，とくに伝統的ではないタイプの学生*を抱える大学にとって，有効であるはずである。このように質問紙調査を導入することにより，大学教員や事務職員は，学生が貢献活動をする際のより詳細なデータを手に入れることになるだろう。

ここでは，2種類の調査票を掲載する。ひとつは，項目数の多いものであり，私たちが初期に使っていたものである（以下，「全体版」）。もうひとつのものは，全体版を用いた予備調査を経て，私たちの機関調査部門が，実施や分析がしやすいように，調査項目などを整理したものであり，模倣して活用してもらえるバージョンである（以下「簡略版」）。

●準　備
　この方法を用いる場合の準備として，以下の段階を踏むことが推奨される。
1. この質問紙調査を実施するのは，科目受講の前後で，学生の認識や態度が変化しているのかをアセスメント（評価）するためなのか，あるいはまた，科目を受講した後の，学生の一般的な態度のみをアセスメント（評価）するためなのかを，大学教員は決めなくてはならない。この質問紙調査には，他のデータとの集計方略を補完して，こうした学びの形式に対する学生の認識や態度の全体像をはっきりさせることにつながるということに意味がある。
2. 質問紙調査を実施するのに，最も適切な時宜を大学教員と調査者は決めなくてはならない。事前調査は学期の第1週に，事後調査は最終週に，それぞれ実施するとよい。
3. 質問紙調査に先立って，状況をよく説明し，相手の同意を得る手続を開始し，済ませておく。

＊　（訳注）伝統的ではないタイプの学生（非伝統的学生，non-traditional student（s））とは，米国国立教育統計センター（NCES：National Center for Educational Statistics）による定義では，次の7項目のうち，いずれかに当てはまる学生のことをさす。すなわち，①高校卒業と同時に高等教育に進学しなかった，②学年暦や時間割の一部にだけ出席している，③在籍しながら，週35時間以上のフルタイムの仕事に就業している，④経済的に自立していて奨学金などの財政援助の適格性を欠いている，⑤子どもや老親など，配偶者以外の扶養家族がいる，⑥ひとり親世帯で扶養家族がいる，⑦高校の卒業証書を持っていない，の7項目。わが国では「学齢期以外の学生」のことをさすことが多いが，それに加えて，貧困などの困難を抱えた家庭の出身者や，高等学校卒業程度認定試験合格者などを含んだ概念となっている。
　参考）National Center for Education Statistics（2002）. "Nontraditional Undergraduates." Institute of Education Sciences, U.S. Department of Education.

●実　施
1. 学生たちが，時間をかけて取り組み，正直に誠実さをもって，質問紙調査に回答するように，大学教員はこの調査の重要性を強調する。
2. 学生の回答が，大学教員や地域のパートナー，学生たちの成績に，肯定的ないし否定的な影響を与えるものではないことを，大学教員と調査者は，学生に対して保証する。
3. データを集めるにあたっては，学生たちの秘密は，保証・保全する。
4. 質問紙調査は，既定の授業時間のなかで，学生に手渡す。
5. 調査票に答え終わるのに，15-20分，学生に与える。
6. 学生が教室を出る前に，調査票は回収する。
7. 結果はすぐに，参加した大学教員とともに，共有する。

●分　析
　データ分析は，統計解析ソフトであるSPSSを用いて実施することができる。サービスラーニングの経験の事前と事後を評価し比較する場合には，度数分布，記述統計量，カイ二乗，分散分析，因子分析といった分析がある。まず，記述統計量と度数分布は，データの基本として供される。すなわち，平均値，最頻値，項目間の標準偏差が得られる。第二に，カイ二乗は，学生群間の人口学的データの相関を示す。第三に，因子分析は，近い関係にある項目を減らし，カテゴリーにまとめる。最後に，分散分析は，因子分析から得られる項目あるいは項目群において，学生群内あるいは学生群間の分散の存在を調査するのに有用である。人口学的項目と個別の項目との標本に関する豊富な分析結果をもたらす記述データはとりわけ役に立つ。
　一人ひとりの学生の変化を図るために，事前／事後調査の形式を用いることができる。しかし，事前／事後調査にはいくつかの難しさがある。まず，四半期制なら10週，半期制なら15週の科目のうちで，はっきりした変化を図ることは難しい。1四半期ないし1半期でアセスメント（評価）できるほどの劇的な変化が表れている学生はまずいないだろう。多様性や，学習者としての学生の役割，良好な地域開発のための技能についての変化が，はっきりとした動きと

なってあらわれてくるまでには，まる1年かかることなどはよくある。短期間での分析枠組みであることに加えて，質問紙調査だけで，個別的で個人的な学生の学びをとらえるには限界がある。授業観察やフォーカスグループ，もしくは，それに加えて，個別の学生へのインタビューは，科目内容への理解や，個人の成長や強みへの気づき，専攻やキャリアの選択といったことへの学生の認識に，意義深い変化を明らかにすることができるかもしれない。事前／事後調査では，この変化を反映しえない。先述したように，学生から記述データを集めるのに，最も便利なのが質問紙調査である。

地域に根差した学びに関する学生への質問紙調査(全体版)

私たちは地域に根差した学びが学生にもたらす効果について，より深く理解したいと考えています。とくに，あなたの学びに関する見解，貢献活動に関する考え方，専攻やキャリアの選択，そして多様性のある地域で活動することに対する考え方に，この経験がどのように影響を与えているのかについて，知りたいと思います。

I. まず，あなた自身のことについて，いくつかお聞かせください。

1. あなたの民族的な背景は何ですか。

    □コケージャン／白人　□アフリカンアメリカン　□アジアン／アジアンアメリカン

    □ヒスパニック　　　　□ネイティブアメリカン　□その他

2. あなたは何歳代ですか。

    □25歳未満　□25-34歳　□35-44歳　□45-54歳　□55歳以上

3. あなたの性別は。

    □男性　□女性

4. あなたの学年は。

    □1年生　□2年生　□3年生　□4年生　□大学院生　□その他

5. 週あたりに求められている労働時間は。

    □1-10時間　□11-20時間　□21-30時間　□31-40時間

    □41時間以上　□仕事はしていない

6. あなたが履修している，地域に根差した学びを取り入れた科目の名前 ＿＿＿＿＿＿

7. 科目番号　＿＿＿＿＿＿＿＿＿＿

8. あなたが活動している地域のパートナー，あるいは機関の名前 ＿＿＿＿＿＿＿＿

II. 次に，地域に根差した学びを取り入れた科目についてのあなたの見解について，お聞かせください。
それぞれの項目について，あなたが同意するレベルを回答してください。

(回答選択肢：全くそうは思わない／そうは思わない／どちらともいえない／そう思う／とてもそう思う)

9. この科目の地域社会への参加の側面は，私が学ぶべき課題事項を，日々の生活のなかでどのように活用することができるのかを理解するのに役立った。　□　□　□　□　□

10. この科目での地域社会での活動は，私が，この授業での講義や講読をよりよく理解するのに役立った。　□　□　□　□　□

11. 地域社会での活動の代わりに，教室での授業に費やす時間をもっと増やしたら，私はこの科目からもっと多くのことを学んだと感じる。 □ □ □ □ □
12. 大学での科目の学習活動と地域社会での活動を結びつけるという考え方は，この大学のもっと多くの科目で実践されるべきだ。 □ □ □ □ □
13. 私は，自分自身がこの科目から得た知識の量や質について，責任を負っている。 □ □ □ □ □

III. 次の設問群は，地域社会へのかかわりに対するあなたの態度に関するものです。

| | 全くそう思わない | そうは思わない | どちらともいえない | そう思う | とてもそう思う |

14. 私は，この科目を受講する前から，自分の地域社会でボランティア活動を行っている。 □ □ □ □ □
15. この科目の地域社会への参加の側面は，私がもっと自分の地域社会にかかわるにはどうしたらいいか，を示してくれた。 □ □ □ □ □
16. この科目を通して行った地域社会での活動は，地域社会にとって有意義なものであったと感じている。 □ □ □ □ □
17. この科目が終わったら，私は，この地域社会でボランティア活動を行ったり，参加したりすることはおそらくない。 □ □ □ □ □
18. この科目でかかわった地域社会の活動によって，私は，自分の地域社会が抱えるニーズに，もっと気づけるようになった。 □ □ □ □ □
19. 私には，自分の地域社会を支える責任がある。 □ □ □ □ □

IV. 次に，あなたの専攻や職業の選択におけるサービスの影響をお聞かせください。

| | 全くそう思わない | そうは思わない | どちらともいえない | そう思う | とてもそう思う |

20. 地域社会で活動することは，私にとって，自分の個人的な強みや弱みを明らかにするのに役立った。 □ □ □ □ □
21. 地域社会で活動することは，私にとって，どの専攻に進んだらいいかをはっきりさせるのに役立った。 □ □ □ □ □
22. この科目の地域社会での活動は，私にとって，どんな職業に就きたいかを決めるのに役立った。 □ □ □ □ □
23. 私がこの科目でやり遂げた活動は，私にとって，卒業してから選ぶ職業での自分の市場的価値をさらに向上させるものだった。 □ □ □ □ □

方略と方法——学生への質問紙調査

	全く そう は 思わ ない	そう は 思わ ない	どちらとも いえない	そう 思う	とてもそう 思う

Ⅴ. 最後に，この経験をあなたが個人的に省察したことについてお聞かせください。

24. たいていの人が，地域社会に変化をもたらすことができる。 ☐ ☐ ☐ ☐ ☐
25. 私たちが地域社会で活動したおかげで，この科目の教員とよい関係性を築くことができた。 ☐ ☐ ☐ ☐ ☐
26. 私自身の文化よりも，他者の文化と協力して，気持ちよく活動した。 ☐ ☐ ☐ ☐ ☐
27. この科目で取り組んだ地域社会での活動は，私自身がもっている偏見や先入観のいくつかを気づかせてくれた。 ☐ ☐ ☐ ☐ ☐
28. 私たちがこの科目で取り組んだ活動は，プロジェクトを計画し達成する方法を学ぶのに役立った。 ☐ ☐ ☐ ☐ ☐
29. 地域社会に参加することは，私のリーダーシップの技能を高めるのに役立った。 ☐ ☐ ☐ ☐ ☐
30. 私が地域社会で取り組んだ活動は，現実世界の環境で，私のコミュニケーション能力を高めた。 ☐ ☐ ☐ ☐ ☐
31. 私は，自分の地域社会に変化をおよぼすことができる。 ☐ ☐ ☐ ☐ ☐

最後に，地域社会の環境のなかで学習を行う科目について，他にコメントがあれば付け加えてください。

(以下の余白を使うか，他の用紙を添付してください。)

　　　　　地域に根差した学びに関してのあなたの見解に感謝します。

地域に根差した学びに関する学生への質問紙調査(簡略版)

私たちは地域に根差した学びが学生にもたらす効果について，より深く理解したいと考えています。とくに，あなたの学びに関する見解，貢献活動に関する考え方，専攻やキャリアの選択，そして多様性のある地域で活動することに対する考え方に，この経験がどのように影響を与えているのかについて，知りたいと思います。この調査に5-10分ぐらいをかけて回答し，今日，教室を出る前に返却してください。

I. まず，あなた自身のことについて，いくつかお聞かせください。

1. あなたの民族的な背景は何ですか。
   - □コケージャン／白人　□アフリカンアメリカン　□アジアン／アジアンアメリカン
   - □ヒスパニック　　　　□ネイティブアメリカン　□その他

2. あなたは何歳代ですか。
   - □25歳未満　□25-34歳　□35-44歳　□45-54歳　□55歳以上

3. あなたの性別は。
   - □男性　□女性

4. あなたの学年は。
   - □1年生　□2年生　□3年生　□4年生　□大学院生　□その他

5. 週あたりに求められている労働時間は。
   - □1-10時間　□11-20時間　□21-30時間　□31-40時間
   - □41時間以上　□仕事はしていない

6. あなたが活動している地域のパートナー，あるいは機関の名前 ＿＿＿＿＿＿

II. 次に，地域に根差した学びを取り入れた科目についてのあなたの見解について，お聞かせください。
    それぞれの項目について，あなたが同意するレベルを回答してください。

（回答欄：全くそう思わない／そうは思わない／どちらともいえない／そう思う／とてもそう思う）

7. この科目の地域社会への参加の側面は，私が学ぶべき課題事項を，日々の生活のなかでどのように活用することができるのかを理解するのに役立った。　□　□　□　□　□

8. 地域社会での活動は，私が，この授業での講義や講読をよりよく理解するのに役立った。　□　□　□　□　□

9. 大学での科目の学習活動と地域社会での活動を結びつけるという考え方は，この大学のもっと多くの科目で実践されるべきだ。 ☐ ☐ ☐ ☐ ☐

III. 次の設問群は，地域社会へのかかわりに対するあなたの態度に関するものです。

全くそうは思わない／そうは思わない／どちらともいえない／そう思う／とてもそう思う

10. 私は，この科目を受講する前から，自分の地域社会でボランティア活動を行っている。 ☐ ☐ ☐ ☐ ☐
11. この科目を通して行った地域社会での活動は，この地域社会にとって有意義なものであると感じている。 ☐ ☐ ☐ ☐ ☐
12. 私は，この科目を通して，地域社会のパートナーと直接ともに活動することができた。 ☐ ☐ ☐ ☐ ☐
13. この科目の地域社会のパートナーが抱えるニーズに対応する責任を個人的に感じている。 ☐ ☐ ☐ ☐ ☐
14. この授業が終わったら，私は，この地域社会でボランティア活動を行ったり，参加したりすることはおそらくない。 ☐ ☐ ☐ ☐ ☐
15. 地域社会のパートナーとのやりとりは，この科目における私の学びを高めた。 ☐ ☐ ☐ ☐ ☐

IV. 次に，あなたの専攻や職業の選択における貢献活動の影響をお聞かせください。

全くそうは思わない／そうは思わない／どちらともいえない／そう思う／とてもそう思う

16. 地域社会で活動することは，私にとって，自分の個人的な強みや弱みを明らかにするのに役立った。 ☐ ☐ ☐ ☐ ☐
17. 地域社会で活動することは，私にとって，キャリアプランをはっきりさせるのに役立った。 ☐ ☐ ☐ ☐ ☐
18. 私たちが地域社会で活動したおかげで，この科目の教員とよい関係性を築くことができた。 ☐ ☐ ☐ ☐ ☐
19. この科目で取り組んだ地域社会での活動は，私自身がもっている偏見や先入観のいくつかを気づかせてくれた。 ☐ ☐ ☐ ☐ ☐
20. 私が地域社会で取り組んだ活動は，現実世界の環境で，私のコミュニケーション能力を高めた。 ☐ ☐ ☐ ☐ ☐
21. この科目の地域社会での活動の側面は，私の問題解決の技能を育てるのに役立った。 ☐ ☐ ☐ ☐ ☐

V. 最後に，この経験をあなたが個人的に省察したことについてお聞かせください。

	全くそうは思わない	そうは思わない	どちらともいえない	そう思う	とてもそう思う
22. この科目のシラバスは，この科目の目的との関連で，地域社会での活動の目的を概括していた。	□	□	□	□	□
23. この授業の他の学生は，私の学びにとって，重要な役割を果たした。	□	□	□	□	□
24. この科目のなかで，地域社会での活動と，科目内容との関係について，定期的に議論する機会があった。	□	□	□	□	□

あなたのコメントに感謝します。記入済みの調査票は，［個人を特定できる情報］まで返却してください。

方略と方法——学生への質問紙調査　　59

G 学生へのインタビュー

●目　的

　学生へのインタビューでは，科目の学業上の内容と，地域社会での活動を結びつけるという経験を調査するために，彼らとの一対一の会話が弾むようになることが望まれる。インタビューは，学生がサービスラーニング科目の経験を述べた，その声をとらえる。このアセスメント（評価）方法によって，サービスラーニング科目における学生の各々の経験の本質を，より深く理解することができる。学生は，自分たちが直面した状況やそれらの出来事が自分たちの人生にどんな意味があるのか，といったことについて，彼らなりの認識を述べる。

　インタビューという方法は，サービスラーニングの効果を幅広くアセスメント（評価）するのに使われる。とりわけ，このハンドブックにおけるインタビューの手順は，学生のサービスラーニングの取組みの性質や，科目のなかでの学生の役割，科目内容と地域社会とのつながりについての理解，サービスラーニング科目に取り組む際の課題といったことについて，学生からデータを集めるべく設計されている。さらに，地域社会への参加に関する学生の不安や心配を調査し，経験の結果として表れる自己認識をもアセスメント（評価）する。

●準　備

　調査者が，インタビューする学生を選べるように，大学教員は，クラス名簿を提供するように頼まれることになるだろう。学生が異なるプロジェクトを行っているなら，異なるプロジェクトごとに，従事している学生を特定するのを手伝うように求められるだろう。インタビューの調整を始める前に，状況をよく説明して相手の同意を得る手続を，まず開始し，済ませておくべきである。この授業を形成する地域社会での経験と背景の多様さを代表するような学生とインタビューの日程を調整する。学生との接触を始めたら，学生にとって都合がよい場所と時間に，1時間のインタビューを日程調整する。さらに，学生がインタビューの準備をしてくるかもしれないので，インタビューの目的を述べ

ておく。

●実　施
　インタビューの実施にあたって，すべて調査項目を網羅しながら，被験者によらず一貫していることが求められる。以下のガイドラインが，インタビューの実施には，役立つだろう。
- 時間どおりに始める。自己紹介をし，プロジェクトにおける役割を紹介する。インタビューの目的を説明する。
- 秘密厳守を保証する。率直に話すことが重要であることを強調する。
- 学生を採点する際に，大学教員や地域のパートナーは，否定的にも肯定的にも影響を与えないことを学生には保証する。
- 記録をとるか，もしくは，録音の了承を得る。文字起こしには，学生の名前は表示しないことを保証する。
- インタビューの手順に注意深くしたがい，常に中立な立場での調査を保つ。

　一連のインタビューで，難しさや困難さを感じるなら，インタビューの初めに，設問9 (p.63) を移動させて，それについて議論するように，学生に促す。

●分　析
　データ分析は，インタビューが終わったらすぐに，インタビュー記録を文字に起こすことから始める。文字起こしは，読みやすさを考えて，1行おきに書くべきである。調査チームは，何人かで初めに文字起こしを読んで，文章のなかから，キーワードとテーマを考え出す。その各々を個別に色付けしたり，記号を付けてもよいだろう。キーワードとテーマを調査変数と比較したり，適合させたりする。そして，調査チームは，各々の文字起こしをもう一度読んで，調査チームのなかで意見がまとまったキーワードとテーマのリストにしたがって，各々のインタビューをコード化する。複数の人がそれぞれに，インタビューデータを読んで，分析しコード化する。そうすることで，別々のデータとの整合性や正確性を比較することが可能になる。データがコード化されると，個別のインタビューを調査変数のカテゴリーに結びつけることができる。これに

よって，調査者は，調査変数ごとに，学生のインタビューから一連の引用ができるようになる。このデータは，各々の調査変数について，どのような学生がどの程度の影響を受けているのかをアセスメント（評価）するのに役立つ。

データ分析は，Ethnographといった質的調査分析のパッケージを使って，仕上げるということもあるだろう。インタビューデータをコード化したり，調査変数のリストにしたがって，文字起こしの文章をカテゴリー分けしたりするところまでの分析にとどめることもあるだろう。

≫ 学生へのインタビューの手順書 ≪

（インタビューの状況を説明する導入を行ってから，以下の手順に入る。）

1. この地域に根差した学びを取り入れた科目で，地域社会で行った活動について話してください。
2. 地域のパートナーやそのプロジェクトと，あなたとの関係を話してください。
3. この経験を通して，この地域社会について，あなたが学んだことは何ですか。この科目の内容に関連して，地域社会から何を学びましたか。そのつながりは，どのように形成されましたか。
4. この授業の一環として，地域社会で活動することについて，不安や心配はありましたか。
5. この科目でのあなたの経験の結果として，あなたは，今後，何かこれまでと違ったことをすると思いますか（ボランティア活動や職業の選択，社会運動やアドボカシーなど）。この経験は，あなたにとって何か新しい機会を生み出しましたか。
6. この地域に根差した科目での経験の結果として，自分自身について，あなたは何を学びましたか（あなたは，偏見や不安に気づくようになりましたか。あなたとは異なった特性や背景をもった人たちとのやりとりによって，あなたは，そのことから何を教わりましたか）。
7. あなたが受講した地域に根差した科目において，大学教員ではない他の誰かから学ぶことはありましたか（地域のパートナーや，受講生どうしなど，ほかの例も）。

8. あなたは，求められる活動を行うために，準備をしていたと思いますか。準備をしていなかったとしたら，何をもっと準備をすべきだったと思いますか。
9. 地域での貢献活動の経験において，あなたが最も困難だがやりがいのあることだとわかったことは何ですか。
10. 地域での貢献活動の経験において，あなたが最も報われることだとわかったことは何ですか。
11. あなたは，この地域に根差した科目について，何を改善したらいいと思いますか。

G 学生へのフォーカスグループ

●目 的

　「フォーカスグループとは，基本的に，人々の話に耳を傾け，そこから学ぶ方法である」(Morgan, 1998, p.9)。フォーカスグループは，特定の科目の学生たちの間で，サービスラーニングの経験についての対話型討論を促すために使われる。学生の経験パターンを発見することで，多くの学生から調査項目に関するデータを集めることができる。フォーカスグループでは，学生たちは，サービスラーニングの経験は，何をもってうまくいったと言えるのかを学び，また，学生間のやりとりや地域のパートナーとの関係性について洞察を獲得するように質問を受ける。フォーカスグループは，サービスラーニング科目全体にわたっての学生の組織化や，支援の改善提案に耳を傾けるために実施されるべきものだ。

　フォーカスグループにおいて，学生たちは，この経験が特定の調査項目に影響を与えたかどうかを調査者に伝えることで，さまざまな概念についてのフィードバックを与えることができるだろう。次に，フォーカスグループから集められたデータは，サービスラーニング・プログラムの計画の改善に有効である。フォーカスグループを通して，学生たちは，大学の教員や管理者に，貢献活動のプログラムの効果的な計画に必要な後方支援や，日程，移動手段における見過ごされがちな危険についての情報を伝えることができる。3つめに，学生たちは，その科目の実施についてのフィードバックを与えるだろう。この科目が，以前に履修した科目とどのような関係にあるのかを，学生たちが対比するのはよくあることだ。彼らは，そこで行われた学習法の違いを議論することもできる。最後に，Morgan(1998)は，フォーカスグループが，最終アセスメント(評価)のために効果的だという。そこでは，データが質的な改善に用いられ，学生は，その科目で特定の成果は，「どうやって」，また，「なぜ」達成されるのかについての洞察をもたらす。学生は，貢献活動の経験についての最終評価を他の人と一緒に分かちあい，彼らのさまざまな地域での経験と関連する学習成

果を調査者や学生どうしで省察するために，フォーカスグループの時間を活用できる。

●準　備
　四半期ないし半期のうちで期間の終わりに近いところで，1時間程度のフォーカスグループが実施できるように，科目担当者と一緒に，早めに調整しよう。注意散漫やフラストレーションを最小限にするために，フォーカスグループは，通常の授業時間内で予定すべきであり，また，学生が，最後の活動やレポート，テストが終わった後に実施すべきだ。フォーカスグループは，独立した調査者や専門家が進行するのがよい。科目担当者をはじめ，大学教員は出席しないほうがよい。

　できれば複数の無指向性マイクのついた品質の高い録音機を手配しよう。8-12人の学生ごとに，1人のファシリテーター（進行役）が必要だろう。もしクラスが大きいなら，グループを分け，もうひとつの教室や，2人めのファシリテーターを確保し，2つのフォーカスグループを同時に実施する必要があるかもしれない。各々のフォーカスグループには，進行役に同行する記録係を置くとよい。記録係は，機材が滞りなく作動しているかを確かめることに責任を負ったり，必要に応じて，記録メディアを入れ替えたり，会話と非言語コミュニケーションについての詳細な記録を取ったりするとよい。録音機材が故障した時にも，記録係がいれば，フォーカスグループの会話のバックアップを得ることができる。

●実　施
　フォーカスグループの質問を始めるに先だって，67ページにある導入のメッセージを読むとよい。そこには，特徴的な指針がいくつか含まれている。
- 必要に応じて，導入の指針を，学生に思い起こさせる。
- 時間どおりに始めて，時間どおりに終わる。
- 円になるように，グループを調整する。
- ファシリテーターは，議論を導くことはあっても参加しない。

- 調査する質問のすべてが中立的であるかを確かめる。
- すべての学生が参加し，誰かが支配的でもなく，誰かが引っ込み思案になっているということがないよう確かめる。
- 必要に応じて，フォーカスグループの議論の間じゅう，指針を学生に思い起こさせる。

　フォーカスグループの実施についてのより多くの情報は，参考文献リストにある David Morgan（1993, 1997, 1998）の論文の言及を参照されたい。

●分　析

　Ethnograph や NUDIST といった質的データ分析のパッケージを活用することで，データ分析を行うことが可能である（Miles & Huberman, 1994）。また，一連の調査変数にしたがって，文字起こしをカテゴリー化することで，フォーカスグループのデータをコード化するという方法もある。

　データ分析は，フォーカスグループが終わったらすぐに，記録の文字起こしから始める。文字起こしは，読みやすさを考えて，1行おきに書くべきである。調査チームは，何人かで初めに文字起こしを読んで，文章のなかから，キーワードとテーマを考え出す。その各々を個別に色付けしたり記号を付けてもよいだろう。キーワードとテーマを調査変数と比較したり，適合させたりする。そして，調査チームは，各々の書き起こされたフォーカスグループの議論をもう一度読んで，調査チームのなかで意見がまとまったキーワードとテーマのリストにしたがって，各々のフォーカスグループのデータをコード化する。複数の人がそれぞれに，フォーカスグループのデータを読んで，分析し，コード化する。そうすることで，別々のデータとの整合性や正確性を比較することが可能になる。データがコード化されると，個別のフォーカスグループの議論を調査変数のカテゴリーに結びつけることができる。これによって，調査者は，各々のキー概念に関するグループの学生の議論の引用ができるようになる。このデータは，各々の概念について，どの程度学生が影響を受けているのかをアセスメント（評価）するのに有効である。

》学生へのフォーカスグループの手順書 《

●導　入

　このフォーカスグループの目標は，開放的で相互的なディスカッションが行われることにあります。フォーカスグループは，誰もが参加できるように，ねらいにそった一連の質問に基づいた対話型のグループ討論です。私たちは，地域に根差した学びの経験について，みなさんがどのように感じているのかをもっと知りたいと思っています。したがって，経験や，みなさんが学習者としてそこから受けた影響の諸相に焦点を当てて，いくつかの質問をみなさんに尋ねようと思います。私は，ファシリテーターとして議論を進めるために質問をしていきます。しかし，議論に参加したり，私自身がコメントしたり反応したりはしません。

　フォーカスグループの目的は，みなさんの意見や印象を聞くことです。フォーカスグループでは，一般に，ほかの人が何を言っているのかを聞くことは，あなた自身の考えやあなたの経験に対する省察を促すものです。あなたは，ほかの人が言ったことを繰り返す必要はありません。むしろ，あなた自身の独特の視点を示したり，ほかの人が言ったことを広げたり，明らかにしたり，詳しくしたりすることは必要です。もし，自分が同意できないコメントや意見を聞いたとしても，あなたの見解や相反する見方を説明するのをためらってはいけません。しかしながら，フォーカスグループは，意見の相違を解決したり，意見の一致を押しつけたりするものではありません。そのねらいは，みんなの考えを聞くことであり，合意にたどりつくことではないのです。正しい答えも間違った答えもありません。その目的は，幅広いたくさんのコメントや見解，意見，提案をとらえることにあります。

　ディスカッションは録音されます。科目担当の教員はこの録音を聞くことはありません。文字起こしをする人が聞くだけです。要約されたレポートや文字起こしでは，発言者を特定できません。ですから，誰が話したことなのかは，秘密にされます。文字起こしの質を確保するために，一度に一人だけ話すようにしたり，いつもよりはっきりと大きめの声で話すようにしてください。そうしてもらえると，あなたのコメン

トはきちんと録音されます。

●質　問

1. 今回の地域に根差した学びの経験について，あなた自身の個人的な学習目標は何でしたか。この授業の学習目標は何でしたか。(10分)
2. あなたは，あなたの経験をどのように評価しますか。それは成功でしたか。どんな要素がその成功には貢献しましたか。あなたはどんな障壁に出くわしましたか。また，それをどうやって乗り越えましたか。(5分)
3. 地域のパートナーとのやりとりを述べてください。あなたの地域のパートナーは，あなたの学びのなかでどのような役割を果たしましたか。(10分)
4. この経験から，あなたは，地域や社会一般について，何を学びましたか。(10分)
5. この地域での経験は，あなたに新たな疑問や関心をもたらしましたか。(5分)
6. 地域での貢献活動と，教室での議論，講読課題，宿題との間に，どのようなつながりがあるか，説明できますか。科目の時間と地域での活動とは，うまく両立しましたか。(10分)
7. あなたの科目担当の教員は，地域での貢献活動において，どのような役割を果たしましたか。(5分)
8. 今後の地域に根差した学びを取り入れた科目について，どんなアドバイスがありますか。(5分)
9. みんなで分かちあっておきたいコメントは，何かほかにありますか。

ご協力に感謝いたします。

大学教員への効果

▶ なぜ大学教員への効果をアセスメント（評価）するのか

　サービスラーニングに関する文献では，サービスラーニングにおける大学教員の重要な役割と影響についての確認が繰り返されている。Bringle & Hatcher (1998) が指摘するように，大半のサービスラーニングに共通する特徴は，カリキュラムに位置づけられ科目主導的であるという点で，それは，大学教員が裁量をもつ大学の一領域をなすものである。有意義で適応性のある配置や，科目に関することがらと地域社会の課題，経験とのつながり，批判的な振り返り（省察），多様性と葛藤に対する心構えなど，良質なサービスラーニングや地域に根差した学びなどの重要な特徴は，その大部分が大学教員によって決まる (Eyler & Giles, 1999)。

　サービスラーニング運動に影響されて，大学教員の仕事を本質的に変える結果がもたらされると言われることも増えてきている。こうした学びが，大学教員の広範な役割と責任とに統合され，また，高等教育において目に見えて組織化されていくにつれて (Zlotkowski, 1999a)，大学教員の専門家としての生き方に影響を与える兆候をみることができる。このように，大学教員は，サービスラーニングや地域に根差した学びに影響を与えつつ，また，自身も影響を受けているということができる。

　1990年という早い時期に，Stantonは，そのサービスラーニングに関する文献のなかで，大学教員の役割についてほとんど考慮されていないことを批判した (Stanton, 1990)。今日のサービスラーニングに関する文献には，サービスラーニングに関する大学教員の心構え (Bringle & Hatcher, 1995; Stanton, 1994)

や，サービスラーニングに取り組む大学教員の仕事を支援する組織的な報奨の仕組み (Driscoll & Lynton, 1999; Holland, 1997; Lynton, 1995) に焦点を当てたものも多くある。にもかかわらず，大学教員とサービスラーニングとの関係については，ほとんど知られていないままである。

さらに，大学教員の役割についての研究は，大学教員の認識を理解し，どの大学教員がサービスラーニングに積極的に取り組むのかを予測し，大学教員が地域に根差した教員としての役割を心づもりするためには，どのような資源が必要なのかを決定する，といったことがもっと深まるように支援するものである。大学教員は，サービスラーニングが自身のディシプリン，とりわけ，科目内容とどのように関係があるのかということを，適切に自覚している必要がある。また，地域のパートナーとの協働に関する大学教員の役割を理解している必要がある。地域に根差した学びのために関係性を作ったり，学生を効果的にアセスメント（評価）する方略を設計したり，自分の科目に振り返り（省察）のような新しい方法論を組み入れたりするために，大学教員は，新たな技能を身につけるよう，頻繁に求められている。したがって，大学教員をアセスメント（評価）することは，この教育手法が大学教員に求めていることへの，彼ら自身の理解を進めることでもある。

Holland (1999a) は，複数の教育機関のデータを用いて，大学教員が貢献活動に取り組む動機となるキー因子を概説し，動機づけが高まるような方略を見出した。サービスラーニングや地域に根差した学びという教育手法への注目が高まるにつれて，大学等は，「サービスラーニングを実行する基礎」として，大学教員を動機づけたり，支援したりすることに関心を向けるようになってきた (Rice & Stacey, 1997)。

ポートランド州立大学で行われた包括的な事例研究 (Driscoll, Holland et al., 1996) は，大学教員を研究する一連の方略と方法を開発することで，サービスラーニングの文献におけるすき間を埋めた。この事例研究は，重要な核になる概念を与えており，その後，大学教員を研究するための手法を補正する助けとなった。それらの手法には，調査やインタビューの手順，授業観察の手順，シラバス分析の指針，職務経歴書分析の指針がある。

▶ 大学教員とサービスラーニングに関する研究動向

　高等教育では周知の事由で，サービスラーニングに関する研究と評価に対する主だった取組みは，サービスラーニングにおける学生の成果に注がれている（Astin & Sax, 1998; Berson & Younkin, 1998; Eyler & Giles, 1999）。サービスラーニングが，学生の教育的経験に影響を与えるというエビデンスには，資金や資源の配置，プログラム開発，組織的な変化に対する重要な含意がある。多くは同じ理由で，地域社会や教育機関に対するサービスラーニングの効果をアセスメント（評価）することにも強い関心がもたれている。それとは対照的に，大学教員とサービスラーニングに焦点を当てた研究は，明らかに不足している。

　サービスラーニングに関する文献においてこうしたすき間があるなかで，注目しておくべき例外を挙げるなら，それは，Hammond（1994）による，大学教員の動機づけや満足度，あるいはその交わりに関する研究である。ミシガン・キャンパス・コンパクトのカリキュラム開発委員会の委託を受けて，Hammondはミシガンの23の高等教育機関の250名の大学教員と面談し，大学教員の特徴と彼らが教えているサービスラーニング科目に関する基礎データを集めた。調査は，大学教員の特徴を記録し，彼らにサービスラーニングの仕事について尋ねることを目的として実施された。興味深いことに，163名の被験者から，学術的な文化における大学教員の一般的な満足感に関連した3つの条件が重要であるとの主張があった（Astin & Gamson, 1993; Bess, 1982; Deci & Ryan, 1982; McKeachie, 1982）。それは，①十分な自由度と自律性，裁量，②彼らの仕事には意義と目的があるという信念，③彼らの努力が成功しているという反応，というものである。Hammondの研究は，重要だが達成されていない行動指針をもたらしている。それは，サービスラーニングにおける大学教員の役割や満足，教育手法の課題，支援が必要な大学教員のニーズといったことに焦点を当てたものである。

　大学等が大学教員の役割が重要であるということに気づき始めるにつれて，大学教員の職能開発のテーマは，ますます注目を集めながら研究されてきている。職能開発の努力と調査研究は，サービスラーニングにおける大学教員のさ

まざまな次元に焦点を当てている。Bringle & Hatcher (1995) は，大学教員の認知的ニーズは，批判的な知識基盤がサービスラーニングの実施には不可欠であるという仮説をともなっているということを指摘した。これとは対照的に，Ward (1996) は，同僚との相互支援の価値を提案し，支持している。彼女は，「教育手法としてサービスラーニングを用いるよう大学教員を最も効果的に励ますことができる人は，仕事の負荷の問題や，教育と研究との相対的な重みづけといった，大学等の文化的なニュアンスを理解している彼らの同僚である」(p.33) と主張している。多くの大学等で大学教員の職能開発についての長期的な努力の価値が推奨されている。それは，サービスラーニングへのかかわりを確保し，サービスラーニングが，他と同じような教育上の単なる「はやりもの」ではないということを，大学教員に確信をもたせるための努力である (Johnson, 1996)。イースタン・ミシガン大学の教学的なサービスラーニングに取り組む教員研修プログラムの担当部門 (Office of Academic Service-Learning Faculty Fellows Program) では，小さなグループダイナミクスモデルを開発し研究した。それは，サービスラーニングという教育手法へのかかわりを促進するのと同様に，大学教員に心づもりをさせたり教育したりする長期間の職能開発のアプローチを含んでいる (Rice & Stacey, 1997)。サービスラーニングに関心やかかわりを持ち続け，新たな大学教員を求人するために，継続している職能開発の努力と行動についてのニーズに光が当てられているが，これらの知見は，大学教員の職能開発のアプローチについて，積極的なものであるといえる。

　Holland (1999a) によれば，大学教員の職能開発は，貢献活動とサービスラーニングにおける大学教員のかかわりを増加させるための8つの方略のうちのひとつであるという。32の多様な高等教育機関から大学教員を集め，インタビューやフォーカスグループを利用して，Holland は，大学教員のかかわりに影響を与えるような，動機づけにつながる力について，3つの原初的なタイプを見出した。それは，①社会的責任に関する個人的な価値，②大学教員自身のディシプリンとの関連性，③個人にとって，あるいは機関にとって，潜在的な報奨やその他の積極的な効果に資するエビデンス，といったものである。動機づけにつながる力については，Holland は，大学教員の貢献活動とのかかわり

が増えてくるのにネックになる障壁を明瞭に指摘し，それらの障壁を克服するために最も効果的な方略について報告している。大学教員をその気にさせる方略をめぐっても，動機づけはカリキュラムそれ自身であるという。カリキュラムのなかで取り組まれるサービスラーニングは，大学教員にとっては，初めて取り組む貢献に関連する活動であることがよくある。そして，そのことは，学術的な活動と同様に，公共的な貢献活動についても，大学教員の自信や興味を築くためのよいアプローチであることを証明している（Zlotkowski, 1999b）。

　サービスラーニングにおける大学教員の役割を研究したりアセスメント（評価）したりする最近の努力は，将来の行動指針の開発を奨励し鼓舞している。それは，全体論的で，サービスラーニングにおける大学教員の影響と大学教員におけるサービスラーニングの効果との両方に，目配せが利いている。ポートランド州立大学の事例研究は，後者に関して，関連する測定方法の開発と同様，効果のキー概念を明らかにすることに専心している。そのキー概念とは，専門能力の開発や，大学教員にとっての動機づけと魅力，満足，制約と促進といった現在の関心領域を拡張することにもなる。ゆえに，サービスラーニングにおける大学教員の役割を研究することに広い視野を与える契機ともなるのである。

大学教員への効果のためのアセスメント（評価）マトリックス

　大学教員への効果のためのアセスメント（評価）マトリックスは，第6表に表したように，他の調査や記述から得られる「成功事例」と同様に，ポートランド州立大学の事例研究から浮かび上がったキー概念を表している。これらの概念のそれぞれが，それらの重要性についての理論的根拠や，サービスラーニングや地域社会の他の取組みに関するより大きな枠組みが内包している概念において大学教員が知っておくべきことの要点を示している。

大学教員からみたサービスラーニングに対する動機づけと魅力

　Hammond（1994）や Holland（1999a），ポートランド州立大学のケーススタディ（Driscoll, Holland et al., 1996）といった初期の研究は，サービスラーニ

ングは大学教員に何をもたらし，何によって大学教員はサービスラーニングを継続するのかを理解しようとしてきた。動機づけのリストの初めにあるのは，教育手法としてのサービスラーニングに関する大学教員の経験に対する満足度だ。その経験とは，学生が地域社会での活動によって変容するさまを観察するといったものだ。そうした満足度は，一般に，大学教員の仕事における満足度に関する知見を支持するものである。サービスラーニングに関しては，地域社会の文脈に対する気づきの増加や，地域に根差した学びの経験を一緒に行った大学教員と学生の両方への独特な洞察を測る新しい指標がある。大学教員の努力に応えるためにも，報奨の仕組みと組織的な支援は，彼らを動機づけ，関心をもたせることは不可欠である。

　サービスラーニングに対して大学教員に動機づけや関心をもたせるための情報は，学内のサービスラーニングや地域に根差した学びを組織化していくのに，とても重要である。こうした情報は，大学教員公募や，職能開発に関する計画やプログラムに影響を与えるだろう。

専門能力の開発（求められる支援）

　魅力や動機づけに密接に関連しているのは，サービスラーニングに取り組む大学教員の専門能力開発に関するニーズについての説明である。繰り返しになるが，サービスラーニングを組織化することは，関心をもった大学教員と，彼らが継続してかかわれるように，彼らを支援することとの両方によって決まる。

　サービスラーニングに関連した大学教員の職能開発について，「何が効果的なのか」が書かれている文献は増えている一方で，大学教員が求める支援の種類について，大学教員やサービスラーニングの関係者に尋ねるなど，大学教員のニーズに対する視点から専門能力の開発を研究することには，ほとんど注目されてこなかった。サービスラーニングが促進されるというのは，大学教員に提供される専門能力の開発に関する支援に大いに依存している。それゆえに，サービスラーニングの経験が学生や地域社会に対して与える効果と同様に，大学教員の満足度が増加するということには，大きな示唆がある。この考え方は，多くのプログラムにとって，それを成功させるのに，とても重要なものである。

教授法への効果や影響

ポートランド州立大学のケーススタディで観察されたように，また他のサービスラーニング実践者が指摘するように (Howard, 1995; Driscoll, Strouse & Longley, 1997; Gelmon, Holland, Shinnamon & Morris, 1998)，サービスラーニングや地域に根差した学びには，大学教員の教育手法を変える潜在能力があることは明らかだ。大学教員も学生も，学びに関する新しい資源と同様に，地域社会とのかかわりを通して新しい情報に接近するようになる。地域社会での活動を通して，予期せぬ，あるいは予想できない出来事や考え，疑問，関心が惹起するが，それらは，カリキュラムを改訂したり，教授法の方法論を修正したり，大学教員と学生の役割さえも変容させたりする潜在能力がある。

大学教員の教授法に対するサービスラーニングの効果についての情報は，学生の学びを豊かにするために地域とのかかわりに取り組む大学にとって，とても興味深いものである。サービスラーニングの文脈でみとめられる，大学教員の教授法における変化は，学生の関与や到達が増加するということと相関がある場合が多い。多くの大学にとって，組織的な使命は，シビックエンゲージメント（市民的社会参画）と責任を果たせる市民性という学生の成果に直結している。だから，大学教員の教授法は，それらの使命を達成するのに，やはり重要になる。

研究における効果や影響

多くの大学教員，とりわけ，若手あるいは任期制教員にとって，サービスラーニングからの効果を研究に生かすことは，最も重要である。サービスラーニングや地域に根差した学びに参加することは，大学教員に時間的な犠牲を強いることになる。現実に，典型的に想起される教授法に加えて責任を負うことになる。こうした時間を割かなければならないという要請は，多くの大学教員がすでに自分の研究のための時間が侵されやすいと感じている状況に，さらに追い討ちをかけることになる。このように，大学教員の研究に否定的な効果をもたらす可能性があるということになる。他方，サービスラーニングや地域に根差した学びへの参加は，大学教員の研究に新しい場を開くという，積極的な効果をもたらす可能性があるともいえる。新たな調査研究に取り組んだり，次の

公刊本の焦点を得たり，同僚や地域のパートナーと学術上の協働をしたり，といったことはすべて，大学教員が報奨を受ける可能性を示すものでもある。

　地域に根差した学びをめぐる研究を成し遂げる大学教員は，同僚にモデルを提示するということもさることながら，より重要なのは，大学教員の役割と報奨をめぐる組織的な変化を促進するということである。こうした考え方には，国の取組みと同様に，大学の文化を変容させる可能性がある。最近，多くの学会では，新しい研究の形式を支援したり，大学教員の活動のために信頼できる場を提供したりしている（Zlotkowski, 2000）。サービスラーニングの運動が広がり，国レベルで組織化されるようになるにつれて，大学教員の研究における効果が重要性を増し，この運動に多くの貢献をするようになるだろう。

他の個人的あるいは専門的な効果

　大学教員に対する効果のうち，教育や研究のように，あらかじめねらいをもって取り組むもののほかにも，予期していなかった効果がみられるかもしれない。それをとらえるために，このカテゴリーを置いている。地域団体において大学教員が新しい役割を担うようになるなど，サービスラーニングにともなう経験が，ボランティア活動を強化するといった可能性は，このカテゴリーに入る。そこには，多くの高等教育機関にとって，シビックエンゲージメント（市民的社会参画）という使命に強力に寄与していく可能性を見出せるだろう。

　この教育手法を通した経験のうちに，大学教員は，これまでにない，あるいは，これまでとは異なった学生に対する助言的役割を担うようになるかもしれない。つまり，地域に根差したプロジェクトと学業上の内容がつながりをもつことで，大学教員と学生の役割を変化させたり，学生のさまざまなニーズを明らかにしたり，大学教員と学生との関係性を強化したりすることはよくある。そのようにして，大学教員は，非伝統的な方法や助言を強化しながら，学生とやりとりするようになるだろう。

　サービスラーニングは，多くの大学で，いまだ目新しい，ひとつの革新だとみなされているので，それに参加している大学教員は，他の教員とのかかわりにおいて，先導的役割を担わざるをえない。そうした大学教員は，大学における私的な推進論者や唱道者になり，同僚に影響を与える可能性があるだろう。

結局のところ，ほとんどの大学教員は，この手の教育手法にふれる経験を幾度か経た後に，サービスラーニングと深いかかわりをもつようになるのだ。

制約と促進

動機づけや関心についての私たちの知見の多くにみられるように，サービスラーニングへの大学教員の参加を制約するものと促進するものに関する情報は，大学教員の求人や職能開発，大学教員に対する支援といった大学のプログラムにとって，とても重要である。サービスラーニング科目を教えるようになることで，時間的な要請や責任が増加する。それゆえに，制約要因を特定して，大学教員の成功を妨げる障壁を軽減したり除去するための支援を提供する必要性がある。同様に，大学教員の仕事の負担を支援したり軽減して，サービスラーニング科目の促進要因や方法を特定する必要がある。それは，個人的な成功にとっても，大学の成功にとっても，不可欠である。大学教員のサービスラーニング科目の経験が増えるにつれて，制約や促進といったことへの大学教員の気づきは，アセスメント（評価）活動を通してとらえられたり，組織的な意思決定や行動をうまく導いたりするだろう。

私たちがサービスラーニングの経験を広めたり，高等教育のさまざまな環境において，サービスラーニングの活用を研究したりするにつれて，間違いなく，こうした考え方が広まってきている。そこには，特定の知見に関して，組織的な可能性があるのと同様に，個人的な可能性もある。また，将来の基盤や資源の決定にも影響を与えるものだろう。

経験に対する満足度

これもまた，現在と将来にわたる研究に対する可能性を提示する概念である。私たちの初期の知見では，サービスラーニングの教育手法的側面に関する多くの満足度が明らかにされている。それは，学生の学びの経験や新たな洞察に対する楽しさや，学生の学びの成果の広がり，サービスラーニング科目の受講にともなう学生の地域社会での活動へのかかわり，といったものである。

これらのすべては，大学教員にとても大きな満足度を与えている。私たちはサービスラーニングに参加する大学教員のための学内プログラムに育まれる同僚意識や，そうしたプログラムにかかわっている満足度を観察した。

満足という概念には，一人ひとりの大学教員の洞察がとても重要である。同時に，大学教員の満足度への注目が高まることで，大学教員の求人や，教員への支援，職能開発，報奨制度などに影響を与え，結局，地域社会との組織的関与を強めることになる。

　要するに，すべての大学教員の考え方には，一つひとつの大学から国レベルまで，サービスラーニングの組織化を共有し，支援するとても大きな可能性が備わっている。各々の変数を研究することによって得られる情報は，サービスラーニングにおける大学教員の活動を強化し，結果として，サービスラーニングを，すべての学生が高等教育で経験する不可欠な構成要素にするものである。

▶ 大学教員への効果をアセスメント（評価）するための方略

　サービスラーニングの文脈で，大学教員のことを研究したり，大学教員へのサービスラーニングの効果をアセスメント（評価）したりするための方略を開発したり実行したりするなら，短時間で済ませるといった時間的な心遣いや，大学教員の労働負荷への配慮，都合のよい日程，守秘義務といったことが担保されなければならない。大学教員への効果をアセスメント（評価）するための方略を設計しようとすれば，被験者の負担感がなく，かつ包括的に効果を観察する方法を開発することの難しさを調査者は経験することになる。効果の「大きな構図」をとらえ，予期していなかった概念を明らかにするために，一連の方略から複数の情報源がエビデンスとして用いられてきた。ひとたびデータを集めたら，エビデンスを違った角度から異なる情報源で検証することができる。各々のデータを説明したり，明らかにしたり，あるいは，データのもう一方の情報源によってもたらされる情報によって，拡張されたりするといった具合だ。たとえば，大学教員へのインタビューから得られた洞察は，彼らの授業で観察したことや，彼らが職務経歴書で見直したことを説明するのに役立った。同じように，大学教員と経験を共有する学生や地域社会で観察したことを，いま一度検討することででも，科目での経験に関する大学教員の洞察を増補することができるだろう。

大学教員へのサービスラーニングの効果をアセスメント（評価）する方略から得られる情報の正確さは，もたらされる質問や，アセスメント（評価）活動に参加する大学教員がどの程度確保できるかしだいであり，また，アセスメント（評価）のために利用可能な資源にもよっている。大学教員が説明する態度，あるいは行動観察において，明らかな変化を示すエビデンスは，典型的な教学上の四半期や半期では，ふつう得られないということがわかっている。したがって，研究を延長し，長期間にわたってアセスメント（評価）する必要がある。同様に，研究といった，アセスメント（評価）の概念のいくつかは，短期間では明らかにはならないだろうし，1年以上かけて徐々に展開するようなものだろう。大学教員への効果をアセスメント（評価）するこれらの方略は，組み合わせて用いるのが最善である。

　これらの方略は，複数のエビデンスの形式を用いることで，実質的なデータをもたらす。また，大学教員の声を求めたり（インタビューや質問紙調査），大学教員の仕事を観察したり（授業観察），大学教員が記録したものを検討したり（シラバス分析，職務経歴書分析）するといった機会を組み合わせることが提案されている。それによって，個別の大学教員の経歴，あるいは大学教員集団が構成する特徴から生み出される量的質的なデータがもたらされる。

≫ 大学教員への質問紙調査

　大学教員への質問紙調査の長所　　大学教員への質問紙調査は，大学教員がサービスラーニング科目を教え終えた後に，事後調査としての使用を想定して設計されている。事後調査なので，サービスラーニング科目を教えている大学教員の特徴がわかる。大学教員の態度と認識における変化をアセスメント（評価）するための，事前／事後調査研究で用いる事前調査の道具として，修正することもできるだろう。

　大学教員への質問紙調査の短所　　この手の調査の多くは，選択肢を「無理に選ばせる」ように設計されていて，最も正確なデータを常にもたらしてくれるとは限らない。誤解する可能性もあるので，大学教員の反応を十分に説明できるものを提供するとは限らない。事前／事後調査として用いられる場合には，

一般的な教学上の四半期あるいは半期では，示唆のある明確な変化をとらえるには，期間が短すぎることもある。大学教員が，サービスラーニング科目を2,3回教えた前後で調査するのが，最善の使い方かもしれない。

▶▶ 大学教員へのインタビュー

大学教員へのインタビューの長所　大学教員へのインタビューは，一人ひとりの大学教員に対しても，組織やプログラムに対しても，多様に用いられる。大学教員の経験や科目を再検討したりアセスメント（評価）したりするのを促す省察的な過程として用いられる。その物語のような形式は，一人ひとりの取組みの研究を支援するのにも用いられる。大学教員へのインタビューは，学内のプログラムに対する考えと洞察を得る契機をもたらす。データは，大学教員の職能開発を計画したり，資源配分に関する意思決定や，サービスラーニングの学内全体レベルでの効果をアセスメント（評価）したりするのに用いられるだろう。大学教員へのインタビューは，観察によるデータや職務経歴書分析と同様に，大学教員に対する質問紙調査を補完するものとして用いるのが最善である。

大学教員へのインタビューの短所　注意を払わなければならないのは，秘密を厳守することであり，話し手の考えや思いをざっくばらんに引き出すために，聞き手は，話し手に恐れや不快感を与えない人物であることを確かめることである。また，すべてのインタビューは，手続や質問に関して一貫性をもって行われ，中立的な調査にしか用いられないことを保証することである。聞き手は，話し手の反応に対して，コメントしてはいけない。

▶▶ 授業観察

授業観察の長所　はじめに，授業観察から得られたデータは，貢献活動や地域社会での活動を学業上の科目に，統合している状況をとらえる。授業観察それ自体，大学教員の職能開発の計画や学内のプログラムを導くことができる。多くの教員が授業観察を行えば，教授と学習についての大学の特徴が得られることもあるだろう。

一人ひとりの大学教員にとって，授業観察から得られるデータは，教授法に関する自己アセスメント（評価）に役立つ情報や，取組みに関する研究や，教授法に関する研究，あるいはその両方にとって投稿するのに値する情報をもたらすものである。調査者は，観察によって得られた学生の明らかな学びについて，大学教員に報告することができる。

　授業観察の短所　　授業観察によるデータ収集は，時間もお金もかかる。しかし，科目の文脈のうちに，サービスラーニングの多様な側面が表現されたデータが生み出される。そのような観察は，複雑で包括的なデータで，教授と学習の過程のダイナミクスをとらえる。観察者の訓練は重要で，信頼性に注意を払って行われなければならない。分析の過程にも，時間がかかるし，予想されるパターンと同様に，予想できないテーマとの両方を表出させる技能が求められる。よく言われているのは，すべてのパターンをよりよく調査するためには，2人の異なる調査者が同じ授業観察のデータを分析するということである。

　教室での議論を聴くことによって，調査者は，学んだ地域社会の課題への学生の対応に関する語りや，地域社会で取り組んだことに対する学生の個人的な反応を記録したり，大学教員と学生が経験を一緒に意味づけしようとするようになる「教育／指導の好機（teachable moment）」を観察したりすることができる。調査者は，授業観察によって，貢献活動の経験が授業内容に関する議論に統合されている程度をアセスメント（評価）する。この直接的な観察によって，調査者は，大学教員が授業を進める過程に，貢献活動の経験がもたらす効果を追っていくことができる。これらの要素は，調査者が，学生と大学教員とのやりとりに直接ふれる時にだけ，観察できたり，見守れたりするものだ。

　授業観察が適切ではない場合もいくつかある。それは，①大学教員が，自分の授業を調査者が観察することを快く思わないので，授業にふれることが難しい，②継続的に授業を観察する調査者が，授業のダイナミズムや文化に介入的で，大学教員や学生に，ふだんとは異なる振る舞いをさせてしまう，③効果的なデータを得る授業観察を行うためには，教室のダイナミズムと教室の共同体に起こる重要な出来事とに寄り添いながらそこにいることができるよう，調査者が，授業に頻繁に出席できるようにしなければならない，といった場合だ。

このように頻繁に観察を行うことは，この手のデータ収集には時間がかかったり，労働過重を引き起こしたりする。

教授と学習を両極に置いた評価尺度分析

評価尺度分析の長所　教授と学習を両極に置いた評価尺度分析を用いることは，一般に授業観察のそれとかなり似ている。この評価尺度分析は，すべてのレベルで使用可能である。すなわち，一人ひとりの大学教員，プログラム，組織といった具合だ。この評価尺度分析は，一般的な観察データというよりも，独特で具体的な教授と学習の質をとらえるものである。この評価尺度分析は，観察の手順と関連づけて用いるのがよいだろう。

評価尺度分析は，一人ひとりの大学教員によって自己アセスメント（評価）や省察の道具として用いられるほか，一つひとつの授業のまとまりや進行中の授業，教授と学習の変化，あるいは変化の欠如を表現する観察者も用いる。一つひとつの授業を省察したり，それに感想を示したり，あるいは，感想を考える途中の形式として，学生が評価尺度分析を用いることもあるだろう。学生が用いる場合には，評価尺度分析に用いられている概念や用語を理解することが不可避であり，それは，受講している科目にもうひとつの内容を加えることになる。評価尺度分析に含意されている理解の種類とは，学生のメタ認知的な学びを強化することでもある。

評価尺度分析の短所　教授と学習を両極に置いた評価尺度分析を用いる場合の精度は，評価尺度分析の概念についての理解が一致しているほど向上する。概念についての定義と理解をめぐる徹底的な議論と展開がなければ，観察から得られたデータは，誤解や不正確さをもたらす。とはいえ，議論と展開の過程は，サービスラーニング・プログラムへの参加に関してとても役に立つし，価値のあるものである。

大学教員や学生が，評価尺度分析を自己アセスメント（評価）や省察の道具として使う場合には，自分はこうある「べき」だと思っている線上に，自分自身を位置づけて用いるきらいがある。こうした心理は，価値判断に基づくものであり，回答者の選択に影響を与える可能性がある。とはいえ，この課題のも

うひとつ積極的な含意とは，回答者，とりわけ大学教員が，自分自身の回答によって，行動面で影響を受けたり，教授法を修正したりすることもあるという点にある。

シラバス分析

シラバス分析の長所　シラバス分析の手引きは，シラバスを初めに考案したり，シラバスを検討したり修正したりするのに役立つ。他のアセスメント（評価）過程と合わせて用いることで，シラバス分析は個別の科目の特徴や，サービスラーニングに対する大学教員の姿勢の特徴を知ることができる。シラバス分析は，社会参画の研究や，教授法の研究，あるいは，その両方にとってのエビデンスともなる。それゆえ，シラバス分析は，一人ひとりの大学教員の専門的知識に関するポートフォリオにも役に立つ。シラバス分析の手引きは，個別の大学教員や大学教員集団が用いる場合には，大学教員の職能開発の意義深い道しるべとなる。

シラバス分析の短所　先述のように，大学教員のシラバスを設計し分析するには，感受性と時間が必要である。このことは，過程の全体を通して配慮されるべき重要な点であろう。シラバスを分析するなかで，注意しなければならないのは，大学教員の学問的な専門的知識に出しゃばらないようにすべきだということだ。むしろ，地域に根差した学びの経験の特質と活動を，シラバスにどのように記すのか，という点には，注目しなければならないだろう。調査すべき領域は，地域社会での経験や，省察に用いられる表現，科目内容と地域社会の内容とを統合するやり方，地域社会での活動という文脈から得た学生の学びをアセスメント（評価）する方法論，である。

大学教員の日報

大学教員の日報の長所　大学教員の日報は，大学教員の教授と学習に焦点を当てた方略を集めて，他のデータと関連づけて用いるのが最善だろう。大学教員の日報は，プログラムを計画するうえでの情報や方向性と同様に，一人ひとりの大学教員の経歴のための気づきや観点にも寄与するだろう。日報は，大

学教員がサービスラーニングに関連した省察に取り組むのに役立ったり，学生が自分の日報を書くのを，大学教員が手伝う際に必要な経験を与えることができる。

　一人ひとりの大学教員は，昇任や，任期のない教員に応募したりするポートフォリオのなかで使う典型的なストーリー展開に，日報に出てくる記事を使うこともできる。日報は，科目内容と地域社会での活動とを結びつけるために，大学教員は苦労しているということを浮き彫りにするだろう。プロジェクトの内容や挑戦についての教室でのやりとりで経験した難しさを彼ら自身が見極めるのにも，日報は役に立つだろう。

　大学教員の日報の短所　大学教員の日報を分析する際には，その匿名性を保証することは，ほとんど不可能である。日報では，個人を特定することができる状況や詳細が明らかにされていることが多いからだ。一人ひとりの大学教員は，この点に注意すべきであり，知見を報告する際には，匿名性が確保されているかどうかを，あらゆる段階で確かめるべきである。分析のために日報を提出する前に，大学教員にはそれを読み返すように促し，共有するには，とても個人的で，あからさまで，秘密にしたほうがいい情報は隠すように促すことも必要だろう。

　大学教員の日報もまた，時間がかかり，常にそれを書き続けるということは，大学教員にとっては難しいことが多い。日報のデータを分析することもまた，時間がかかる。ただ，結局は，両方の作業とも明確な長所があり，時間を投資するだけの価値がある。

▶▶ 職務経歴書分析

　職務経歴書分析の長所　職務経歴書の分析と指針は，一人ひとりの大学教員が，昇任や，任期のない教員に応募したりする審査にあたっての材料を準備したり，地域での貢献活動に関連する研究活動を記録したりする際に用いることができる。指針は，一人ひとりの大学教員が，準備や記録の過程を通して，専門的な活動や研究活動を省察するのに役立つ。

　職務経歴書の分析と指針は，サービスラーニングや地域に根差した学びに取

り組んでいる大学教員を研究する際にも用いられることがある。地域での貢献活動に関連した，一人ひとりの経歴や複数の大学教員集団の研究活動について知ることができる。こうした情報は，大学教員の研究を支援するのと同様に，一人ひとりのレベルや集団レベルでの大学教員の職能開発を計画するのにも使用されることがある。さらに，この分析は，地域社会における大学教員の役割に関する評価情報も与えてくれるだろう。

小 括

　大学教員への効果を用心深くアセスメント（評価）するのに必要な時間と資源は，気力を削がれるようなものに見えるかもしれない。しかし，「サービスラーニングの将来の成長と持続可能性は，大部分において，大学教員と，大学が彼らの努力を支援し報奨することがうまくできているかどうかによるところが大きい」(Driscoll, 2000, p.39)。大学教員への効果のアセスメント（評価）と，サービスラーニングへの大学教員の効果とを，慎重に体系的にアセスメント（評価）するということは，「意思決定に影響を与える最終結果や，プログラム上の変化，資源や努力の方向性に関して，大学教員の仕事を学問的に研究する」(p.40) 可能性を示している。一般に大学教員にとって，アセスメント（評価）は，彼らの役割や仕事，支援してもらいたいニーズといった，いわば高等教育への理解を強化するものであろう。一人ひとりの大学教員にとっては，アセスメント（評価）から得られるデータと同様に，アセスメント（評価）の過程そのものが，より深い省察的実践を育むことになるだろう。

第6表　大学教員へのアセスメント（評価）マトリックス

何を知りたいのか（概念）	どのようにそれを知ろうとするのか（指標）	どのように測定するのか（手法）	誰が，あるいは何がデータを提供するのか（情報源）
大学教員からみたサービスラーニングに対する動機づけと魅力	・地域社会への参加の水準と本質 ・科目やディシプリンに関する学習者の水準に関連した活動 ・他の学術的活動との結びつき ・価値，報奨といった動機づけになる要素の見極め ・社会経済的，環境的，文化的要素への気づき	・インタビュー ・フォーカスグループ ・クリティカル・インシデント・レポート ・職務経歴書分析	・大学教員 ・学生 ・地域のパートナー ・学科長 ・大学教員どうし・同僚
専門能力の開発（求められる支援）	・関連する会議やセミナーへの出席 ・学内を基盤とする活動への参加 ・サービスラーニングを促進する他の人たちに対するリーダー的役割や助言者的役割 ・学界でサービスラーニングを唱道する役割	・インタビュー ・フォーカスグループ ・職務経歴書分析	・大学教員 ・地域のパートナー ・学生
教授法への効果や影響	・地域社会の資源とニーズに関する知識 ・教室の様式や組織，活動の特質 ・教授と学習の方法論に関する進化 ・教授の哲学についての明確な表現 ・大学教員と学生，地域のパートナーとのやりとりの特質	・インタビュー ・フォーカスグループ ・クリティカル・インシデント・レポート ・職務経歴書分析	・大学教員 ・地域のパートナー ・学生 ・大学機関の資料
研究における効果や影響	・調査研究の力点の変化 ・研究内容の公刊や表現方法，場所の変化 ・調査研究の計画書や資金獲得，プロジェクトの焦点の変化 ・地域に根差した学びをめぐる研究上の協働	・インタビュー ・フォーカスグループ ・クリティカル・インシデント・レポート ・職務経歴書分析	・大学教員 ・地域のパートナー ・大学機関の資料
他の個人的あるいは専門的な効果	・地域社会の組織との関係性の創造 ・地域社会の組織での新しい役割 ・地域に根差した学びに関する学内を基盤とするリーダー的役割 ・学生に対する助言 ・地域に根差した教授と学習へのかかわり ・学科やプログラムにおいてサービスラーニングを唱道する役割	・インタビュー ・フォーカスグループ ・クリティカル・インシデント・レポート	・大学教員 ・地域のパートナー ・学生 ・学科長
制約と促進	・促進する要因を利用する方略 ・制約する要因を克服する方法と活動 ・創造的な問題解決の描出 ・制約する要因を克服し促進する要因を創造する能力	・インタビュー ・フォーカスグループ ・クリティカル・インシデント・レポート	・大学教員 ・地域のパートナー ・学生
経験に対する満足度	・学んだ強みと弱み ・将来のための改善のための機会	・インタビュー ・フォーカスグループ	・大学教員 ・学生

▶ 方略と方法：大学教員

大学教員へのインタビュー ……………………… 88

シラバス分析 ……………………………………… 91

大学教員の日報 …………………………………… 94

職務経歴書分析 …………………………………… 98

授業観察 …………………………………………… 101

教授と学習を両極に置いた評価尺度分析 ……… 105

大学教員への質問紙調査 ………………………… 111

G 大学教員へのインタビュー

●目 的

　大学教員へのインタビューでは，科目の学業上の内容と，地域での貢献活動とを結びつけるという経験における大学教員の認識を調査するために，彼らとの一対一の会話が弾むようになることが望まれる。サービスラーニングや地域に根差した学びに取り組んだ大学教員にとって，広範で多様な期待される成果をアセスメント（評価）する場合に，この方法が用いられる。一般には，地域社会への気づきや，教授と学習に関する考え方や実践，サービスラーニングを実施するための段取り，大学教員の仕事において地域での貢献活動の経験が与えた影響，などを調査するために，インタビューの手順は設計されている。

●準 備

　実際の運営に先だって，以下の段階を踏んでおくことが，推奨される。
1. できるだけ気が散らないような快適な場所を見極め，おさえておく。
2. 大学教員に都合をきいて時間と場所をおさえておく。
3. インタビューに先だって，大学教員は，効果や関連する課題を省察してくるだろうから，インタビューの目的を大学教員に伝えておく。また，インタビューを録音する了承を得ておく。
4. 質疑応答が円滑になされるかを確かめるべく，インタビューの手順を見直しておく。

●実 施

　準備が終わった段階で，インタビューに向けて，以下の指針が推奨される。
1. 時間どおりに始める。
2. 自己紹介をし，アセスメント（評価）の過程における役割を説明する。
3. インタビューの目的を説明し，大学教員の疑問に答える。
4. 秘密厳守を確認する。

5. 率直に話すことが重要であるということを強調する。
6. （了承を得て）インタビューを録音し，バックアップのためにメモをとる。
7. インタビューの手順に注意深くしたがい，常に中立な立場での調査を保つ。

● 分　析

　データの分析を始める前に，インタビューの間に取ったメモを見直すことと同様に，注意深く録音を文字に起こすことが必要である。どんな分析をやるのでも，その前に，少なくとも2回は文字起こしを読むべきである。何度か文字起こしを読めば，読み手は，キーワードやテーマを見極める。まず，これらのキーワードやテーマを，文字起こしのなかから抜き出してくる。さらに，それをパターンに編み，調査の変数に関連づける。新たな変数や想定していなかったパターンを示すようなキーワードやテーマが出てくることもある。

≫ 大学教員へのインタビュー手順書 ≪

（インタビューの状況を説明する導入を行ってから，以下の手順に入る。）
1. サービスラーニングの経験を行った地域社会の状況とニーズを説明してください。
2. 地域に根差した学びを取り入れた科目を提供するにあたって，その過程で，その地域社会について学んだ新しい情報があれば説明してください。
3. 地域に根差した学びを取り入れた科目を教えた後，ご自身のその学習経験をどのように説明してきましたか。
4. 地域に根差した学びを取り入れた科目を教えていた時，心配ごとや困りごとは何でしたか。また，それらにどのように対処してきましたか。
5. 地域に根差した学びを取り入れたこの科目で必要だった準備と調整を説明してください。
6. この科目では，教授と学習に関して，うまくいきましたか。また，それはどうやってわかりますか。
7. この科目での学生の学習成果は，地域社会での経験がない科目でのそれと異な

っていましたか。
8. ご自身の科目に地域社会の次元が加わった結果，教授法が変わったと思いますか。また，それはなぜですか。
9. この経験に基づいて，地域に根差した学びを取り入れた他の科目を教えるならば，どのような方法でやりますか。
10. 地域に根差した学びの経験は，他の研究活動に影響をおよぼしていますか。あるいは，今後そうなりそうですか。
11. 他に，共有していただける情報はありますか。

貴重なお時間とご意見をいただき，ありがとうございました。

G シラバス分析

●目　的

　シラバス分析とそれに付随する手引きの目的は，サービスラーニングや地域に根差した学びを取り入れた科目のシラバスを考案したり，アセスメント（評価）したりするための枠組みを提供することにある。地域での貢献活動の統合や，地域での貢献活動に関する成果，地域での貢献活動の成果のアセスメント（評価），主な教育手法の形態といった，科目の諸側面に，分析を通して，光を当てることができるだろう。授業に先だって，大学教員の計画や考えの全体像が与えられることで，シラバス分析は，科目の一側面に関するアセスメント（評価）を促進する。

●準　備

　シラバス分析の指針を用いる手引きで，最も重要なのは，前もって，大学教員が手引きについて研究したり，見直しのためにシラバスを準備したり書き直したりする十分な時間をとることだ。手引きについて一緒に議論する大学教員を見つけてきたり，手引きの構成要素についての理論的根拠を説明したり，構成要素の意味や価値についての質問を挙げたりすることは，有益である。支援が必要な期間に専門家のコンサルテーションを提供したり，サービスラーニングのためにシラバスを設計し適用した事例を説明したりすることも，価値があるだろう。

　準備と実施の期間に重要なのは，一人ひとりの大学教員には考えがあり，科目を計画するやり方も異なっているということへの感受性を持ち続けることだ。大学教員は，シラバスをどのレベルまで書き込むかということについて，一人ひとり異なった考えをもっている。進めながら変更が利くように，緩めであまり書き込まないほうがいいと考えている人もいれば，びっしりと構成され編まれているものがいいと考えている人もいる。しかし，シラバスをアセスメント（評価）のための記録方法として使うことになっているなら，サービスラーニン

グの構成要素に関する説明を表現する内容は，ある程度の標準化が必要になってくる。

●実　施

　大学教員が，手引きの構成をおおまかに把握し議論に参加した段階で，シラバスを提出する前に，それを開発し見直すための十分な時間を，大学教員に与えるべきである。紙に書いたものや電子的な方法でシラバスを提出するだけにするのか，シラバスの構成要素についての質問を議論したり説明したり，答えたりする機会を得るために，口頭でシラバスを発表するのか，といった選択肢を与えることもある。

》 シラバス分析の手引き 《

　この手引きは，一般的には，科目設計の構成要素を見極め，また，とりわけ，サービスラーニングや地域に根差した学びにおける「成功事例」を見極めることを意図しています。この手引きを分析目的で用いると，それらの構成要素が，科目のなかでどのように統合されているのかの記述にそって，その有無に光を当てることになります。
　サービスラーニング科目のためのシラバスに盛り込まれているべき，主な構成要素は，以下の通りです。
1. サービスラーニングの経験に関する説明
2. サービスラーニングの目標と目的と，学生と地域のパートナーとの両方にとって，経験を通した期待されるべき成果
3. 構造化された，また構造化されていない，学業上の内容と地域での貢献活動とのつながりに関する学生による省察の機会
4. 教授法とアセスメント（評価）との両方における学業上の内容と地域での貢献活動との統合

　これらの主な構成要素があるかどうかを決めるために，分析では以下の諸点について調査することになります。

1. この科目における地域に根差した学びの経験と方法についての説明を盛り込んだ科目の説明
2. 地域での貢献活動の構成要素に直接関連した，学生が目指すべき学習目的や学習成果
3. 地域のパートナーにとっての一般的な貢献活動の成果
4. 地域での貢献活動の経験に関連した，研究課題や宿題の種類
5. 地域での貢献活動の経験に関連した，読書，議論，プレゼンテーション，講師
6. 学業上の内容と地域での貢献活動の経験との直接的で意図的なつながり
7. シラバスに明示的に説明されている宿題や日報執筆，議論，その他の方法の形式について，構造化された，また構造化されていない，省察の機会
8. 科目の評価と採点を決めるための明確な構成要素として，地域での貢献活動の経験をアセスメント（評価）すること
9. 他の教育手法を統合する教授と学習の方法として，地域での貢献活動の経験があるということのエビデンスを示すこと

注：これらの構成要素には，明確な重みづけがあるわけではありません。しかし，理想的なシラバスはこれらの構成要素のすべてを含んでいることでしょう。

G 大学教員の日報

●目　的

　日報には，サービスラーニングや地域に根差した学びの教授と学習の経験を，構造的な機会を通して，大学教員の省察を促す目的がある。多くの大学教員は，すでに日報を書き続けている。だから，日報を書くことは，彼らにとっては新しい経験ではないことが多い。この文脈において，日報とは，サービスラーニング科目を教えている大学教員にとって，成長し続ける自分自身のプロフィールに，追記できる項目を得るものでもある。大学教員がこれらの日報を共有すれば，教授と学習の経験に関する課題や心配ごと，疑問，成功事例，洞察，見通しといったものに関するデータを得ることができるだろう。そうした内容は，自己アセスメント（評価）や概括的な省察を検討する個別の大学教員にとっても役に立つだろう。

●準備と実施

　大学教員を一堂に集め，日報執筆の経験を議論する機会をもうけ，この活動での具体的な手順について復習を行うのは役に立つ。日報を書いたことがない教員は，不安や疑問をもっているだろうし，日報執筆の過程やその利点について追加的な指導が必要な場合もあるだろう。

　多くの場合，大学教員は，毎週，自身の科目についての日報を書くことを求められる。具体的な記録について焦点を当てるのと同様に，日報の内容を方向づけるための手順によって，具体的な説明が得られる。とくに重要なのは，日報の意義は，日々の行事や出来事を記録し続けることではなく，その行事や学生の学び，大学教員の個人的な学び，科目の目標を越えた意図せざる学びに関して，構造化された省察を与えることなのだ，ということを大学教員に強調しておくことである。科目や研究期間の半ばで日報を集めるのは，大学教員にフィードバックを与えるためにも，また必要であれば，報告を書くというよりむしろ省察的に書くことを支援するという面でも有効である。そして，最終的な

日報の写しを科目の終わりに集める。

●分　析

　大学教員の日報分析は，大学教員へのインタビューや授業観察でのデータ分析で説明したのと同じように，再読の過程を必要とする。そのうえで，後でパターンに類型化するために，読み手は，キーワードや日報のテーマを探す。日報から得られるデータは，授業観察から得られるデータを説明したり，大学教員へのインタビューからのデータを詳細に説明したりするのに用いられるだろう。テーマやパターンについての記述データに付随して，「その記入の50パーセント以上」や「10回の記入のうちの6つについて見出されるテーマ」といった形式の量的データを得られる可能性もある。共通テーマやパターンがわかったり，異なる資源のデータとの間にあるテーマを結びつけたりするためには，大学教員の日報を大学教員へのインタビューや授業観察と同時に分析するというのは，価値があるだろう。

》 大学教員の日報の手順書 《

　日報を続ける目的は，サービスラーニングや地域に根差した学びで教えたり学んだりといった経験を構造的に省察する機会を提供することにあります。日報の過程や価値を議論するために，半期（または四半期）の初めに，会議を開くことになるでしょう。

　半期（または四半期）のうちに2回（科目の中間と終わりに）日報を書くことを，みなさんにお願いしたいです。私たちは，次の日報執筆の手引きとなるように，初めの日報に対して意見をお返しします。この意見は，個別の内容に関するものではなく，むしろ，サービスラーニング科目と私たちが理解しようとしているキー概念との間に築こうとするつながりに関するものです。

　毎週の科目ごとに，1-4ページの日報を書くことを，みなさんにお願いしたいです。そして，おおよそ，科目における地域に根差した学びの構成要素とその影響とを省察するために執筆してもらいたいです。教授と学習におけるみなさんの役割や志向性で

のちょっとした変化にも，みなさんに気づいてもらいたいです。以下のような幅広いテーマを省察では扱ってもらいたいと思います。
- 価値：地域社会やサービスラーニング過程についてのみなさんやみなさんの学生の価値
- 先生と学習者としてのみなさんの役割：貢献活動の構成要素や地域社会を，科目で強調した結果，みなさんのそれぞれの役割に生じた何らかの変化
- 貢献活動：みなさんの個人的な貢献活動へのかかわりや，地域社会に対する定義や気づき，みなさんやみなさんの学生が地域社会に提供している貢献活動，科目や教授法における貢献活動の効果
- 研究への影響：執筆やプレゼンテーション，調査，専門家としてのかかわりといったみなさんの研究上の行動に，地域社会での経験が与えている効果
- 動機づけ：この科目で地域に根差した学びやサービスラーニングの経験を創出した個人的な動機づけや奨励

　毎回の記入で，各々のテーマを扱っても，扱わなくてもよいです。みなさんの経験から現れてくる他のテーマを調べることを，強くお勧めしたいです。

●初めての記入

　初めて日報を記入する際には，みなさんが計画した，地域に根差した貢献活動の経験の構成要素を強調した科目の概要から始めましょう。地域社会に根差した教授と学習を，あなたの科目に組み入れることで達成しようとしている一連の目標や望ましい成果を整理して説明しましょう。そして，上述の幅広いテーマを扱ったら，その項目の簡潔な要約を作りましょう。

●その後の記入

　毎回の記入には，日付を入れてください。毎週やることは，まず，先週の記入の終わりからみなさんの要約を再検討し，そして，その後進歩したことや変化したことを批評したり，直面した問題を認識したりすることで，新たな記入を始めることです。毎週の記入の終わりには，その週の成果や，次の週に予想される課題，ある目的やそれに対応するのに役立つ行動について議論するために，少し余白を取っておきましょう。

●最後の日報の記入

　科目の終わりに，すべての日報を再読し，初めのほうで記入したテーマを扱った要約を書きましょう。目的と望ましい成果が達成された程度や，経験が与えた個人的あるいは専門的な効果について批評してください。最後に，この経験の結果として，将来，これまでと違った，どのようなことをやるのだろう，ということについて省察してみてください。

●最終の日報での省察

　この省察を通して，（毎年キャンパス・コンパクトが授与している）Thomas Ehrlich Faculty Award for Service-Learningへの応募に必要な構成は，ほぼできているでしょうし，また，みなさんの経験に関する省察を要約するものとなるでしょう。サービスラーニングや地域に根差した学びを，教授法やカリキュラム，研究にどのように統合したのか，また，学問的なことと個人的な貢献活動とを，どのように統合できたのか，あるいは統合できるだろうか，ということを説明するために，2ページの省察的なまとめを書いていただきたいです。

　最後に，提出する前に，書いたもののすべてを見直しましょう。そして，取り扱いに配慮が必要か，内密にしておくべき性格のものだと感じる，あらゆる氏名や出来事を「秘匿」にしたり，仮称にしたりしましょう。私たちは，どんな分析においても，みなさんの氏名を明らかにすることはありません。しかし，みなさんが書いたものが，公表するにはあまりに個人的なことだとの心配があるなら，その部分を変更したり削除したりすべきです。したがって，プライバシーを侵害する可能性はありません。

G 職務経歴書分析

●目　的

　サービスラーニングや地域に根差した学びに取り組んでいる大学教員は，この活動や関連する研究を，自分の職務経歴書に記載しているかもしれない。このデータを取りまとめる方略をともなう指針によって，大学教員が自分の職務経歴書に含めるだろうと目される学問的な活動や貢献のリストが作られる。そのリストは，大学教員に対する報奨の見込みを示唆している。しかし，大学教員が地域社会での活動に取り組んでいる時には，それらの活動が，さまざまな研究を可能にするということを，そこに織り込んでいるわけではない。職務経歴書分析は，他のデータを取りまとめる方略で，それ以前に説明されている大学教員の経歴に，追加的な情報を与えるという点で役立つ。それは，大学教員の専門的な活動において，地域社会へのかかわりの影響を示唆し，説明するように設計されている。

●準備と実施

　個別の大学教員がこの指針を使う前に，大学の現行のガイドラインを見直しておくことが重要である。大学教員の職務経歴書に備える組織的なガイドラインがはっきりしている場合であっても，この指針は，大学教員が地域に根差した教授と学習を記録し強調しうる余地があることを示唆する。個別の大学教員だけでなく，大学や学科の管理者にも，この指針が共有されることがいちばんよい。大学の規格を満たすように修正が必要であるなら，この指針のどの部分であるのかを，決めることが重要である。

　この指針を大学教員に発表した後に，集団であるいは個人的に議論することは，個別の大学教員の活動が職務経歴書にどのように表現されるのが最もよいかという示唆を得るのに役立つ。同僚からの示唆や批評は，その過程において，とても価値がある。最終分析や批評のための個人ファイルの提出の前には，感想をもらったり，職務経歴書を修正したりするのに，大学教員には十分な時間

が与えられなければならない。

● 分　析
　分析対象の職務経歴書が集まったら，以下の手続を踏むことを推奨する。
- この指針にある項目を含んだ評価シートを用意する。
- 各々の職務経歴分析のために，その項目の有無を，批評とともに記録する。
- 修正できるように，個別の大学教員には，意見を返す。

》職務経歴書分析の指針《

　地域に根差した教授と学習に取り組んでいる大学教員への効果は，多様な形式で，また異なる研究領域で，記録することができます。以下に提案しているエビデンス項目は，サービスラーニングや地域に根差した学びに関連した研究において実施可能な形式です。

● 教授
1. 科目において，地域での貢献活動を統合するというエビデンス
2. 地域に根差した教授と学習に関連した到達や，大学や地域社会からの認識
3. 地域に根差した教授と学習に関連した，個別の科目レベルや学科のプログラムレベルでのカリキュラム開発プロジェクト

● 調査研究とその発表（出版）
1. 大学教員の地域に根差した教授に潜在的につながりのある助成金
2. 地域に根差した教授や地域社会の課題を説明した，地方，州，国レベルの専門的な発表
3. 地域に根差した教授や地域社会の課題を説明する出版
4. 地域に根差した教授や地域社会の課題に関連した地域社会の事業や，論文や報告書，発表

●貢献活動
1. 地域に根差した教授や地域社会の課題に関連した地域社会の事業や，論文や報告書，発表
2. 地域に根差した教授と学習を通して，地域社会のニーズを扱う大学を支援する大学関連の貢献活動

これらのすべてが，どんな大学教員の職務経歴書においてもエビデンスになるというものではないかもしれません。しかし，これらの方法による概括的なアセスメント（評価）は，地域社会における大学教員の役割の特徴と，大学教員の研究におけるサービスラーニングの効果との発展に役立つでしょう。

授業観察

●目　的

　授業観察の目的は，サービスラーニングや地域に根差した学びを取り入れた科目で行われる，教授法や学習経験，やりとりを，量的質的に記述することにある。また，授業観察によって，科目の学業上の内容のなかで，地域社会に対するまなざしを統合する兆候や，それがどうやって，どの程度，統合されているのかの説明が得られる。ある科目で授業観察によるデータの収集が進行中である際には，大学教員や学生，地域社会の役割や，科目の教育手法，科目内容における変化，あるいは変化の欠如を見出せるだろう。全体としては，授業観察によって，サービスラーニングや地域に根差した学びを取り入れた科目における教育手法とカリキュラムの説得力のある特徴が得られる。

　質的調査であるこの形式では，調査者は，自然な環境設定のなかで対象を研究する。自然な環境設定では，日々のやりとりがなされるからだ。研究が行われる文脈からヒントを得ようとしている質的調査者にとって，対象が自然な環境設定にあることは重要なことである。さらに，質的調査というこの形式は，知見を伝えるために，自然と，言葉や物語，比喩を使って，記述的なものになる。観察研究では，「研究されている対象者を詳しく記述することを通して，人間の経験を調査する」（Creswell, 1994, p.12）のである。

●準　備

　授業観察の準備において，以下の一連の段階を踏むことが推奨される。
1. 観察者は，観察の方略について訓練を受けていること（訓練には，信頼性が確立できるように二人一組での練習観察が含まれている）。
2. 開講間もない時期に，大学教員と学生に授業観察の過程を説明し，観察者とその役割を紹介するオリエンテーションを行うこと。また，必要であれば，人間を対象とする調査の審査を受けたり，あるいは，その他の形式での調査に対する承諾を得たりしておくこと。

3. 半期や四半期のうちで，どの授業が，「典型的な」授業なのか，やりとり，内容として，最も代表的か，ということについて，大学教員と観察者は，合意しておくこと。たとえば，映画を見せるような時に観察するというのは，適切ではない。
4. 観察者は，観察したストーリーのある記録をとる様式を，検討しておくこと。

●**実　施**

　観察は，一定の間隔で実施されるべきであり，また，大学教員の参加をうまく調整しておくほうがよい。たとえば，10週間開講される科目を，2週間の間隔で計5回，毎回まる3時間観察する，といった具合だ。同じ観察者が，ひとつの授業をずっと観察し続けるべきである。ただ，訓練された別の観察者が1-2回観察を行うことで，相互評価によって信頼性が高まるという例外はあるかもしれない。

　観察シートを用いて，観察者は3種類の一次データを収集することになる。

1. **地域社会に対する気づきとかかわり**：地域社会や，地域のパートナーとのやりとりの量や質，地域社会についての学生と大学教員から得た直接の引用，学術的な内容に統合した地域社会に関する参照。
2. **教授法**：初めのうちと途中段階での，授業の形式や編成，教育手法と，大学教員と学生とのやりとりにおける地域に根差した学びの影響。
3. **教授と学習に関する考え方**：初めのうちと途中段階での，大学教員，学生，地域社会それぞれの，役割や成果，教育手法，カリキュラム，やりとり。

　104ページにある授業観察シートは，観察から得られるデータを取りまとめるための様式を提示している。観察者が，それぞれの日報やノートにメモ書きをとっておくというのはよくあることだが，それらのメモ書きには，観察を通じてのデータ収集の一貫性を確保するために，必要であると考えられるすべての情報が含まれているべきである。ある観察者は，授業の内容に関して，どんなことが起こっているのかを記録するべきだが，より大きな構図には，教場の

環境であったり，大学教員と学生，地域社会の代表者とのやりとりの頻度であったり，日々の課題といった，すべての関係者から得られる貢献活動の配置や逸話的な情報についても，含まれているのだ。

観察者は，データ収集の過程を省察する手段として，日報をつけておくべきだ。できるだけ客観的であることが観察には求められるが，観察者の日報は，過程についての洞察を与えてくれるし，データ分析の間に生じるであろう課題を解決するのにも役立つものだ。

● 分　析

授業観察は，豊富なデータをもたらす。その分析には，大学教員と学生，地域社会の役割の変化についてのデータと同時に，一定の時間における学生と大学教員のやりとりの頻度が含まれるべきだろう。

授業観察から得られるナラティブデータを分析する過程では，大学教員へのインタビューの分析の項で説明したのと同じように，文字起こしを連続して読み込む作業が求められる。読み込む作業によって，その後でパターンに類型化したり，授業観察の準備段階で大学教員が説明した授業の考え方と比較して類型化したりするための，キーフレーズやテーマが立ち現れてくる。

》 観察シート 《

科目名 _____

日付・曜日 _____

時間 _____

観察者 _____

　学生を観察する者 _____

　その他の観察者 _____

　話している学生を観察する者 _____

教室配置 _____

_____

_____

上欄には，大学教員を「F」，学生を「S」とし，1人以上の授業参加者間のやりとりの始まりと終わりを，実線を使って示しなさい。

以下の授業活動に費やした時間に，「×」印をつけ，記録しなさい（形態と編成）。

講義 _____	個人作業 _____
議論 _____	発表 _____
班作業 _____	省察 _____
アセスメント（評価）_____	質疑応答 _____

記述：大学教員と学生，学生どうしの関係や，教具（ハンドアウト，視聴覚教材など），地域社会に関する言及（例示，逸話，疑問，参照，応用），地域社会での経験と科目内容とのつながりについて，記述しなさい。［この記述には，複数ページを使うこと］

G 教授と学習を両極に置いた評価尺度分析

●目　的
　教授と学習を両極に置いた評価尺度分析を用いれば，教授と学習の文脈や考え方と，教授と学習の方法の質とを説明するのに役立つ。評価尺度の各々の右端に，大学教員と学生との間に高いレベルのやりとりがなされていると置き，左端には，低いレベルのやりとりしかなされていないと置く。サービスラーニングや地域に根差した学びを取り入れた科目を観察するためのもうひとつのまなざしを，評価尺度は提示する。評価尺度は，他の観察記録の方略や，前述した観察シート，個別の授業を記録したものと併用するのがよい。

●準　備
　実施のために助言するという目的に限って，ここでは，授業観察に絞って評価尺度分析を用いることに焦点を当てよう。評価尺度を用いる準備では，以下の段階を踏むことが推奨される。

1.　観察者は，評価尺度の概念を用いることについて訓練を受けている。訓練には，評価尺度の概念を定義し見極めることについて信頼性が確立できるように二人一組での練習観察が含まれている。
2.　大学教員と観察者とは，協力して，学期（半期あるいは四半期）のうち，どの授業の科目内容や授業でのやりとりが最も代表的であるのかを決めておく。
3.　観察者は，各々の授業観察の最後に，評価尺度への回答をやり切るだけの十分な時間をとれる観察のタイミングを予定しておく。

●実　施
　評価尺度分析は，授業の最後に用いられることを企図していて，教室でのやりとりについての観察者の全体的な印象をとらえることにも対応している。評価尺度は，観察者によるとても細かな分析には対応していない。それゆえ，評価尺度への回答をやり切るために必要とする時間は最小限（5-15分）であるが，

個別の省察のスタイルしだいではある。

　評価尺度分析について訓練し実際に使用する前に，評価尺度の概念についての議論に取り組んだり，明確で受け入れられる定義を開発したりするためには，サービスラーニング科目についての研究が必要である。議論にあたっては，授業実践とその条件に関する事例が役に立つだろう。手始めに，以下の定義と問いが概念を調べるにあたって得られる。

●評価尺度分析で用いる教授と学習の文脈についての定義
他者とのかかわり　　学生と大学教員は，他者のニーズや関心に共感したり，関心をもっていたりしているようにみえるか。学生と大学教員は，地域社会のニーズや関心を発見するようなかかわりや，クラスメイトや同僚のニーズや関心に対する似たようなかかわりを表しているか。

学生の役割　　学生は，教授と学習の過程に活発にかかわっているか。学生は，内容や過程などについて意思決定しているか。

大学教員の役割　　大学教員は，運営したり，指示したり，指導したりする点で，指導的な役割にあるか。権威と裁量のある「担当」教員という感覚があるのか。あるいは，援助，支援，支持，協働といった役割にあって，さまざまな資源を利用可能なものにしているのか。

学習志向性　　学習環境は集合的で，学生と大学教員とが協働し，教室での学び全体を助長するようにかかわり合っているか。あるいは，一人ひとりの個人が自分自身の学習を主導する個別的なものが多い学習環境となっているか。

教育手法　　銀行型の教育手法 (banking pedagogy) とは，試験の時など，時折，知識を引き出してくるという反応を期待できる学生に，大学教員が情報を預けるという教授法の原理と過程のことを指している。大学教員は，情報と知性の源泉である。構成主義的教育手法 (constructivist pedagogy) とは，学生自身が意義づけと学びを構成する経験を，大学教員は促進するという教授法の原理と過程のことを指している。

●評価尺度分析に用いる教授と学習の質についての定義

理論―理論と経験　科目では，まず定説を頼りにしているのか。それとも，各自の経験を科目内容の基盤となる理論と組み合わせ，価値をもたせているのか。

他者の知識―各自の知識　公刊された専門家の教材が第一で唯一の有効な情報源であるか。それとも，各自の経験と知識も適切で有効なものであるか。

観客としての学生―参加者としての学生　学生は，情報を吸収する消極的な学習者として傍観しているか。それとも，教授と学習の過程において活動的な役割を果たしているか。

大学教員が主導権をもっている―主導権を共有している　大学教員が，科目の過程や決定に主導権をもって取り仕切っているのか。それとも，学生が，科目の過程や決定に参加しているのか。

学習者としての学生―学習者と先生としての学生　学生は，学習者という伝統的な役割のままか。それとも，経験を共有し，議論すべき課題を提起したり，情報を提供したりして，科目の内容を教員とともに構成しているか。

先生としての大学教員―先生と学習者としての大学教員　大学教員は，先生という伝統的な役割のままか。それとも，学生と科目内容の構成を共有したり，教えることを学生に割り当てること，すなわち，彼ら自身が学習者となったりすることがあるか。

個別的な学習―集合的な学習　独自の学習に向かっている一人ひとりの個人に焦点が当たった学習過程なのか。それとも，学習過程は集合的で，科目内容をクラス全体で理解するのを支援することに，みんながかかわっている環境なのか。

先生と学習者との間の明確な区別―先生と学習者との間のぼんやりした区別　教員と学生は，役割が区別されていて，離れているのか。それとも，役割を交換したり，授業中に，役割が入れ替わったりするか。

解答―質問と回答　教材は正解に価値があるといったことを扱い，情報の確からしさを提供する内容であるものなのか。それとも，回答にそった価値のある課題と疑問を提供するものなのか。

成果の確からしさ―成果の不確からしさ　学生の成果は，定義された柔軟性のないものか。それとも，学生のニーズや関心によって構成され修正されるという柔軟性を十分にもったものか。

共通の学習成果―個別的な学習成果　学習成果が，前もって，あるまとまりとして制限されていたり，すべての学生に共通のグループ化されたもので計画されていたりするか。それとも，一人ひとりの学習成果を探求する機会を，学生に与えているか。

無知であることを嫌うか―無知をひとつの資源ととらえるか　疑問や誤解は，予定された授業内容をそらすものとして扱われるのか。それとも，異なる理解のための新たな方向性や可能性を得るための機会として扱われるのか。

学生のニーズに焦点を当てるのか―学生と地域社会のニーズに焦点を当てるのか　地域での貢献活動は学習と関心に関する学生のニーズに即しているのか。それとも，学生のニーズと地域社会のニーズは，平等にみなされ傾聴されているか。

●分　析

　教授と学習を両極に置いた評価尺度分析から得られるデータを分析する最善の方法は，個別の大学教員に記録用紙として，白紙の評価尺度分析の用紙を使うことである。各々の概念について，観察された質的ないし文脈的な情報を示す程度を，それぞれの線上の適当な場所に印を打つ。記入が終わった記録用紙は，科目や，その変化，あるいは変化の欠如といったことを，可視的に示してくれる。大学教員集団についていえば，一人ひとりの線上の位置取りが，平均値や真ん中の位置を外している可能性があり，その様子は，各々の評価尺度の概念について，棒グラフで表現することができる。また，科目の初め，科目の真ん中あたり，科目の終わりに，大学教員集団ごとの変化，あるいは変化の欠如，といったことをとらえるデータも示すだろう。

≫ 教授と学習の文脈を両極に置いた評価尺度分析 ≪

あなたは，観察された授業での教授と学習の文脈を，どのように説明しますか。以下の説明で，各々の評価尺度の上の，最も適切なところに，「×」印をつけてください。

他者とのかかわり
低い　　　　　　　　　　　　　　　　　　　　　　　　　　　　　　　高い
1　　　　　　2　　　　　　3　　　　　　4　　　　　　5

学生の役割
消極的　　　　　　　　　　　　　　　　　　　　　　　　　　　　　　活動的
1　　　　　　2　　　　　　3　　　　　　4　　　　　　5

大学教員の役割
指導的　　　　　　　　　　　　　　　　　　　　　　　　　　　　　　促進的
1　　　　　　2　　　　　　3　　　　　　4　　　　　　5

学習志向性
個別的　　　　　　　　　　　　　　　　　　　　　　　　　　　　　　集合的
1　　　　　　2　　　　　　3　　　　　　4　　　　　　5

教育手法
「銀行型」　　　　　　　　　　　　　　　　　　　　　　　　　　　構成主義的
1　　　　　　2　　　　　　3　　　　　　4　　　　　　5

出典) Howard, J. (1995) より改変。

》 教授と学習の質を両極に置いた評価尺度分析 《

あなたは観察された授業をどのように説明しますか。各々の評価尺度で適当なところに，「×」印をつけてください。

```
理論                                                      理論と経験
1          2          3          4          5

他者の知識                                                 各自の知識
1          2          3          4          5

観客としての学生                                   参加者としての学生
1          2          3          4          5

大学教員が主導権をもっている                   主導権を共有している
1          2          3          4          5

学習者としての学生                             学習者と先生としての学生
1          2          3          4          5

先生としての大学教員                       先生と学習者としての大学教員
1          2          3          4          5

個別的な学習                                          集合的な学習
1          2          3          4          5

先生と学習者との間の明確な区別     先生と学習者との間のぼんやりした区別
1          2          3          4          5

解答                                                      質問と回答
1          2          3          4          5

成果の確からしさ                                   成果の不確からしさ
1          2          3          4          5

共通の学習成果                                     個別的な学習成果
1          2          3          4          5

無知であることを嫌うか                     無知をひとつの資源ととらえるか
1          2          3          4          5

学生のニーズに焦点を当てるのか   学生と地域社会のニーズに焦点を当てるのか
1          2          3          4          5
```

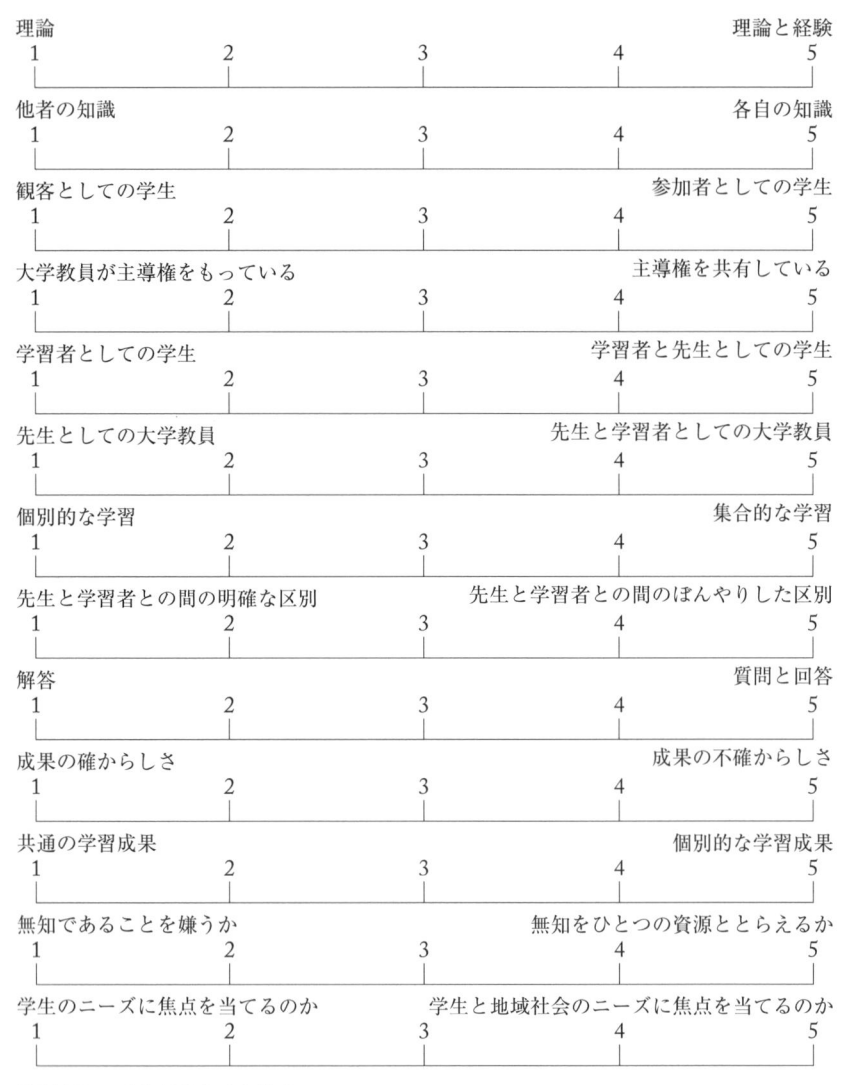

出典) Howard, J. (1995) より改変。

G 大学教員への質問紙調査

●目　的

　大学教員への質問紙調査は，大学教員のサービスラーニング科目を教える経験に関連した課題に関する，考えや動機づけ，関心，態度といったものを説明しようとするものである。この調査は，5件法のリッカート尺度を基本にしている。この尺度は，大学教員がサービスラーニング科目に関することがらについて，同意するレベルを測ろうとするものだ。尺度は，「全くそうは思わない」「そうは思わない」「どちらともいえない」「そう思う」「とてもそう思う」という幅で与えられる。調査項目は，貢献活動や地域社会，サービスラーニングに対する大学教員の態度や，学生や研究活動に対してサービスラーニングがもっていると考えられる効果，科目においてサービスラーニングを取り入れようという大学教員の動機，といったものである。この大学教員への質問紙調査は，文献の検討や，既往の尺度の調査，大学教員との議論の過程から編み出されたものである。

　大学教員への質問紙調査から得られる情報は，大学教員の職能開発を計画する目的や，サービスラーニングや地域に根差した学びを取り入れた科目を担当する大学教員の確保や募集に役立つ。この尺度は，学術的な科目に貢献活動を取り入れている大学教員がもっている，さまざまな考えや経験を説明してくれる。これらの説明は，学内の仕組みを計画したり調整したりするための知見を与えてくれるだろう。

　大学教員の態度や考えをアセスメント（評価）するのに加えて，大学教員への質問紙調査は，大学教員におけるサービスラーニングの効果を調査することにもなる。大学教員への質問紙調査には，大学教員の地域社会へのかかわりや教授法，研究に対してサービスラーニングがもっている影響に関する質問が含まれている。これらのデータは，サービスラーニングがもつ，個別の大学教員に対する効果と，一般的に大学などの高等教育機関に対する効果との両方をアセスメント（評価）するのに役立つ。

学生への効果の章と同じように，大学教員への質問紙調査も，2つを提示する。ひとつは全体版であり，2つめは，急いで報告を上げる必要がある機関調査の資源として概観するための簡略版である。

●準　備
　大学教員への質問紙調査を実施する前に，以下の準備の段階を踏んでおくことが推奨される。
1. 調査票の使用の目的を決めておくこと。事前と事後の変化のアセスメント（評価）に使うのか，サービスラーニング科目を教えた後の大学教員の一般的な態度や考えを説明する方法としてのみ，事後調査で用いるのか，といったことを決めておくこと。
2. 大学教員の考えや態度の特徴を，より完全で有用に浮かび上がらせるために，大学教員への質問紙調査は，データを収集する他の方略に補完して用いるものだと考えておくこと。この調査票は，大学教員へのインタビューを行う前に用いられるのが理想的である。大学教員のシラバスや教材は，大学教員への質問紙調査から得られるデータを加味すると有用だろう。科目の全体像をとらえるために，大学教員への質問紙調査は，学生への質問紙調査から得られるデータを補完するだろう。
3. 調査票を用いて実施する適当な日程を決めておくこと。大学教員の時間と都合に配慮して，この調査の実施を予定すること。
4. 大学教員にこの調査票の使用に関して承諾と協力を要請しておくこと。大学教員への質問紙調査に先立って，大学教員に，その目的を知らせ，できれば書面で，承諾を得ること。

●実　施
　準備の段階が終わったら，大学教員への質問紙調査の実施には，以下の実施の手続が推奨される。
1. 大学教員の匿名性を保証し，調査から得られるデータの収集にあたって，それを維持すること。

2. 調査が終わるまでに15-20分を要するということを，大学教員に知らせておくこと。
3. 調査が郵送配布の場合には，調査票の返却に関して，いつまでに，どこへ，といった情報を，明示しておくこと。

●分　析

　データ分析は，統計解析ソフトであるSPSSを用いて実施することができる。サービスラーニングの経験の事前と事後を評価し比較する場合には，度数分布，記述統計量，カイ二乗，分散分析，因子分析といった分析がある。まず，記述統計量と度数分布は，データの基本として供される。すなわち，平均値，最頻値，項目間の標準偏差が得られる。第二に，カイ二乗は，大学教員間の人口学的データの相関を示す。第三に，因子分析は，近い関係にある項目を減らし，カテゴリーにまとめる。最後に，分散分析は，因子分析から得られる項目あるいは項目群において，大学教員間の分散の存在を調査するのに有用である。

地域に根差した学びに関する大学教員への質問紙調査（全体版）

地域に根差した学びが大学教員に対してもっている効果をよりよく理解するために，以下の質問にご回答ください。ご協力をお願いいたします。

I. まず，あなた自身のことについて，いくつかお聞かせください。

1. あなたは高等教育段階で何年ぐらい教えていますか。
2. 地域に根差した学びを取り入れた科目を教えるのは，今回が初めてですか。
3. あなたが教えた科目数と科目名を教えてください。

II. 地域に根差した学びを取り入れた科目についてのあなたの見解について，お聞かせください。
それぞれの項目について，あなたが同意するレベルを回答してください。

	全くそう思わない	そうは思わない	どちらともいえない	そう思う	とてもそう思う
4. この科目の地域社会への参加の側面は，学生が学ぶべき課題事項を，日々の生活のなかでどのように活用することができるのかを理解するのに，役立った。	☐	☐	☐	☐	☐
5. この科目での地域社会での活動は，学生が，この授業での講義や講読をよりよく理解するのに役立った。	☐	☐	☐	☐	☐
6. 地域社会での活動の代わりに，教室での授業に費やす時間をもっと増やしたら，学生はこの科目からもっと多くのことを学んだと感じる。	☐	☐	☐	☐	☐
7. 大学での科目の学習活動と地域社会での活動を結びつけるという考え方は，この大学のもっと多くの科目で実践されるべきだ。	☐	☐	☐	☐	☐

III. 次の設問群は，地域社会へのかかわりに対するあなたの態度に関するものです。

	全くそう思わない	そうは思わない	どちらともいえない	そう思う	とてもそう思う
8. 私は，この科目を担当する前から，自分の地域社会でボランティア活動を行っている。	☐	☐	☐	☐	☐
9. この科目の地域社会への参加の側面は，私がもっと自分の地域社会にかかわるにはどうしたらいいか，を示してくれた。	☐	☐	☐	☐	☐
10. この科目を通して行った地域社会での活動は，地域社会にとって有意義なものであったと感じている。	☐	☐	☐	☐	☐

11. この科目が終わったら，私は，この地域社会でボランティア活動を行ったり，参加したりすることはおそらくない。　□　□　□　□　□
12. この科目でかかわった地域社会の活動によって，私は，自分の地域社会が抱えるニーズに，もっと気づけるようになった。　□　□　□　□　□
13. 私には，自分の地域社会を支える責任感がある。　□　□　□　□　□

	全くそう思わない	そうは思わない	どちらともいえない	そう思う	とてもそう思う

IV. 次に，あなたの専門的職能開発におけるサービスの影響をお聞かせください。

14. 地域社会で活動することは，私にとって，自分の個人的な強みや弱みを明らかにするのに役立った。　□　□　□　□　□
15. 地域社会で活動することは，私にとって，自分の研究対象領域をはっきりさせるのに役立った。　□　□　□　□　□
16. 地域に根差した学びを取り入れた科目を教えることは，私の教授志向性に変化をもたらす結果となった。　□　□　□　□　□
17. この地域に根差した学びを取り入れた科目は，私の業績一覧にとって重要な一行だ。　□　□　□　□　□

	全くそう思わない	そうは思わない	どちらともいえない	そう思う	とてもそう思う

V. 次に，この経験をあなたが個人的に省察したことについてお聞かせください。

18. たいていの人が，地域社会に変化をもたらすことができる。　□　□　□　□　□
19. 私たちが地域社会で活動したおかげで，この科目の学生とよい関係性を築くことができた。　□　□　□　□　□
20. 私自身の文化よりも，他者の文化と協力して，気持ちよく活動した。　□　□　□　□　□
21. この科目で取り組んだ地域社会での活動は，私自身がもっている偏見や先入観のいくつかを気づかせてくれた。　□　□　□　□　□
22. 地域社会に参加することは，私のリーダーシップの技能を高めるのに役立った。　□　□　□　□　□
23. 私たちが地域社会で取り組んだ活動は，現実世界の環境で私のコミュニケーション能力を高めた。　□　□　□　□　□
24. 私は，自分の地域社会に変化をおよぼすことができる。　□　□　□　□　□

VI. 最後に，地域に根差した学びを取り入れた科目を教える過程について，いくつかの設問に答えてください。
25. あなたが地域に根差した学びを取り入れた科目を教えようと決めた理由は何ですか。
「1」が最も重要であるとして，重要度の順にすべての理由について，順位をつけてください。

   何か新しいことを試す必要   _____
   科目での関係性を増やしたいという希望   _____
   同僚の励まし   _____
   科目を支援する資源や資金   _____
   大学教員を報奨するお金   _____
   以前にこれらの科目を教えたことがあった   _____
   専門的な理解のために   _____
   好奇心   _____
   その他：_____ _____

26. あなたが教えた地域に根差した学びを取り入れた科目の段取りを，あなたはどのようにやりくりしましたか。
最も当てはまるものに，印をつけてください。

   私が，活動内容の調整と学生の配置を行った   _____
   私と一緒に働いている大学院生が，活動内容の調整と学生の
    配置を行った   _____
   大学院生と私が一緒に，活動内容の調整と学生の配置を行った _____
   地域社会の代表者が，活動内容の調整と学生の配置を行った _____
   その他：_____ _____

27. この科目が終わった今，地域に根差した学びを取り入れた科目を教えることに関して，あなたが最も深刻に考える困りごとは何ですか。
「1」が最も重要であるとして，重要度の順にすべての理由について，順位をつけてください。

   時間的拘束   _____
   学生の配置の調整   _____
   学生の監督   _____
   地域社会の代表者とのやりとり   _____
   教室での指導時間の削減   _____
   地域社会での作業の不確定さ   _____
   学生の学びと活動の評価   _____
   費用   _____
   その他：_____ _____

28. 地域に根差した学びを取り入れた科目を教えることは，以下の効果がありますか。
「1」が最も重要であるとして，重要度の順にすべての理由について，順位をつけてください。

  私の研究に関する行動計画　　　　　　　　　　　　　　_____
  私の研究活動に関する公刊や報告の計画　　　　　　　　_____
  私が教える他の授業　　　　　　　　　　　　　　　　　_____
  その地域社会における私自身の個人的な貢献活動　　　　_____
  同僚の大学教員との私の関係性　　　　　　　　　　　　_____
  学生との私の関係性　　　　　　　　　　　　　　　　　_____
  地域のパートナーとの私の関係性　　　　　　　　　　　_____
  その他：_____　　　　　　　　　　　_____

最後に，地域社会の環境のなかで学習を行う科目を教えることについて，他に論評があれば付け加えてください。
(以下の余白を使うか，他の用紙を添付してください。)

    地域に根差した学びに関してのあなたの見解に感謝します。

》 地域に根差した学びに関する大学教員への質問紙調査（簡略版）《

地域に根差した学びが大学教員に対してもっている効果をよりよく理解するために，以下の質問に5-10分ぐらいをかけて回答し，それを［　　　　　　　］にご返送ください。ご協力をお願いいたします。

I. まず，あなたに自身のことについて，いくつかお聞かせください。

1. あなたは高等教育段階で何年ぐらい教えていますか。　＿＿＿＿＿年
2. あなたは地域に根差した学びを取り入れた科目を，何回ぐらい教えてきましたか。
   ☐ 1回　　☐ 2-5回　　☐ 6-10回　　☐ 11回以上
3. 地域に根差した学びを取り入れた科目を教えている教員は，あなたの学科やプログラムでは，あなた以外にいますか。
   ☐ はい　　☐ いいえ
4. この地域に根差した学びを取り入れた科目の学生は，何年生ですか。
   ☐ 1年生　　☐ 2年生　　☐ 3年生　　☐ 4年生
   ☐ capstone　　☐ 大学院生

II. 地域に根差した学びを取り入れた科目についてのあなたの見解をお聞かせください。

5. 地域に根差した授業の経験で学生と教員の関係がどのようであったかを説明するために，以下の4つの尺度について，それぞれ適切なところに印をつけてください。

   学習者としての学生　☐ ☐ ☐ ☐　学習者と先生としての学生
   観客としての学生　☐ ☐ ☐ ☐　参加者としての学生
   大学教員が主導権をもっている　☐ ☐ ☐ ☐　主導権を共有している
   先生としての大学教員　☐ ☐ ☐ ☐　先生と学習者としての大学教員

III. 次の設問群は，地域社会へのかかわりに対するあなたの態度にかかわるものです。

（全くそうは思わない／そうは思わない／どちらともいえない／そう思う／とてもそう思う）

6. 私は，初めて地域に根差した学びを取り入れた科目を教える前から，地域社会でのボランティア活動の経験がある。　☐ ☐ ☐ ☐ ☐
7. 私は，この授業でやった地域社会での活動は，地域社会のためになった，と信じている。　☐ ☐ ☐ ☐ ☐
8. この科目が終わっても，私はこの地域社会でボランティア活動をやったり，参加したりするだろう。　☐ ☐ ☐ ☐ ☐

9. この科目で取り組んだ地域社会での作業は，地域社会の ☐ ☐ ☐ ☐ ☐
ニーズに対する私の理解を深めた。
10. 私は，大学教員として，自分自身の地域社会を支える責 ☐ ☐ ☐ ☐ ☐
任が私にはある，と信じている。

全 ／ ど ／ そ ／ と
く そ ち ら そ ー
そ う と う っ そ
う は も 思 て う
は 思 い う も
思 わ え そ
わ な な う
な い い 思
い ／ ／ う

IV. 次に，あなたの個人的あるいは専門的職能開発における
サービスの影響をお聞かせください。

11. 地域社会で作業をすることは，私の研究の特定の領域に ☐ ☐ ☐ ☐ ☐
焦点を当てることに役立った。
12. 地域に根差した学びを取り入れた科目を教えることは， ☐ ☐ ☐ ☐ ☐
私の教授の方略に変化を与える結果となった。
13. 私たちが行った地域社会での作業のおかげで，学生との ☐ ☐ ☐ ☐ ☐
関係性が高まったことが，私はわかった。
14. 地域社会に参加することは，私のリーダーシップの技能 ☐ ☐ ☐ ☐ ☐
を高めるのに役立った。

V. 最後に，今後の地域に根差した学びを取り入れた科目について，お聞かせください。
15. この科目が終わった今，地域に根差した学びを取り入れた科目を教えることに関して，
あなたが依然として考える困りごとは何ですか。あなた自身の困りごとについて，以下
のなかから選んで，印をつけてください。

☐ 時間的拘束 　　　　　☐ 地域社会の代表者とのやりとり
☐ 学生の配置の調整 　　☐ 教室での指導時間の削減
☐ 学生の監督 　　　　　☐ 地域社会での作業の不確定さ
☐ 学生の学習と作業の評価　☐ 費用
☐ その他：＿＿＿＿＿＿＿＿＿＿＿＿＿＿＿＿

16. この地域に根差した学びの経験を省察して，あなたやあなたの学生，地域のパートナー
にとっての経験全体を改善するために，次の地域に根差した学びを取り入れた授業に向
けて，どのような考えをもっていますか。

あなたのコメントに感謝します。
［日付］までに，［関係するメールアドレス］に，これを返送してください。

方略と方法――大学教員への質問紙調査　　119

地域への効果

▶ なぜ地域への効果をアセスメント（評価）するのか

　サービスラーニングは，地域の参画がなければ成り立たない。効果的で持続的なサービスラーニングは，大学と地域の間の互恵的なパートナーシップに依拠している（Holland & Gelmon, 1998）。ポートランド州立大学における私たちの初期の取組みより以前は，多くのアセスメント（評価）の取組みが，学生への効果をアセスメント（評価）することにほぼ限定して焦点を合わせていた。私たちのアセスメント（評価）の取組みが，サービスラーニングを改善するために必要な成果の多角的な理解と情報の収集を含んでいたのであれば，紛れもなく支援者である地域についてアセスメント（評価）することは不可欠である。しかし，「地域」についてのひとつの定義をどのように示すのか。ひとつの「地域」というものは存在しない。実は，私たちの取組みの初期段階で，「地域とは誰のことか」という理解について教員たちに定義してもらう質問を行ったところ，広範で多様な回答が返ってきた。したがって，地域についての認識やその言葉が学生，教員，大学組織，まして地域のパートナーにとって何を意味するのかの理解を深めることが欠かせないのである。

　私たちの取組みでは当初，個々のサービスラーニング科目における地域のパートナー団体（いくつかの科目には複数の地域のパートナーがあることを踏まえつつ）に焦点を合わせた。サービスラーニングの機会や経験に対するパートナー団体の重要性を考えて，団体にとっての効果，そしてサービスラーニングのプロジェクトについての認識に対する効果についてアセスメント（評価）の焦点を当てることにした。私たちは，パートナー団体に活動の対象者への何らかの効果

についてフィードバックを期待した。その際私たちは，学生の活動と地域の変化の間に，何らかの因果関係をつくろうとあまり出しゃばりすぎないようにした。地域の変化とは，たとえば対象者の健康状態，心の幸福，雇用の確保，または住居の確保といったことだった。これらの指標は，パートナーたちにとっていかにも必要で重要な情報だったかもしれない。しかし，サービスラーニングの基盤となる大学と地域の協働とパートナーシップについての理解が私たちの目標であるとすれば，これらの指標は焦点化すべき適切なものだったとは感じられなかった。

　サービスラーニングは，地域のパートナーにとって手間がかかり負荷の高いプログラムである。私たちが，地域のパートナーたちに求められた改善点を確認し，彼らと互恵的な関係を確立することができたのは，自らの取組みにとってのサービスラーニングの効果を彼らがどのように認識しているかを理解することを，私たちのアセスメント（評価）の取組みにとって最も重要なことに位置づけていたからである。

地域への効果のアセスメント（評価）についての理解

　「地域」について語るということは，地域をひとつの実態，統一された概念，定義できる構造として意味づけるということである。実際，地域に根差した学びの体験を通して学生たちが向き合う社会課題は，住民，政府，警察，ビジネス，住宅供給，学校，保健・福祉サービス，経済的発展などを含むもっと大きなシステムの一部である（Scholtes, 1997）。このようなさまざまなセクターで働いたり，それらと交流したり，それらのためにものをつくったりする個々人は，問題の原因や可能な解決策についてそれぞれ異なる意見や見方を出してくる（Knapp et al., 2000）。地域への効果をアセスメント（評価）する試みにおいて，これらの意見のすべてを斟酌しようという努力は，とてつもないことになるだろうし，アセスメント（評価）を成し遂げるのを妨げる越えがたい壁をつくることになるだろう。

　サービスラーニングのキーとなる要素としての地域に関する研究の論評のな

かで，Cruz & Giles (2000) は，サービスラーニングに関する文献における地域に焦点を合わせた研究の障壁には，政治的，知的，実践的という3つの次元があることを発見した。政治的障壁は，その地域を調査研究することへの学問的な厳密性について疑問があるということに関係している。知的障壁は，地域を定義することができないがゆえにその研究の適切な方法が定められないということに関係している。実践的障壁は，このような研究を行うための材料と知識の不足による。彼らは，文献に基づいて地域とサービスラーニングについて3つの結論に行き着いた。

- サービスラーニングは，地域の発展に貢献する。
- サービスラーニングは，大学と地域の隔たりに橋を渡す。
- サービスラーニングは，地域のパートナーたちにとって有益である。

これらの結論に付け加えて，学生たちの準備に関する地域のパートナーたちの関心の問題もある。彼らは，サービスラーニングを学生たちに市民活動や非営利の活動に魅力を感じさせる道具立てとして，または少なくとも一人前の市民となる手助けになると考えている。このことを理解することが，地域の視点から効果をアセスメント（評価）するもうひとつの重要な要素なのである。

大学が地域と協働するうえで直面するもうひとつの問題は，地域のパートナーたちの（実現されない）期待や（誤った）理解と，大学が提供できるサービス・資源との食い違いである (Wealthall et al., 1998)。したがって，大学にとって有意義なやり方は，できることと期待を明確化することにとくに注意を払うこと，学生たちと教員が地域のパートナーとの間で互いの背景や考え方についての真の理解を深め，そして資源と需要をつなぐ能力を育むために，地域窓口と緊密に協働することである。往々にして地域の要望は，大学によるサービスラーニングの取組みの対応範囲をはるかに超えている (Gelmon, Holland et al., 1998b)。アセスメント（評価）にあたっては，サービスラーニングの取組みにおいて何を期待し実施するに値するかを明らかにし，どこまで実施されたかを特定し，実施のための制約と促進について理解するというところに課題がある。

したがって，分析単位は，パートナー団体の効果についての意見と同様に，パートナーシップの関係性そのものである。

サービスラーニングにおける地域参加に関するアセスメント（評価）は，まだ答えが出ていない方法論についての課題を提起する（Gelmon, 2000a）。地域への効果をアセスメント（評価）することには，地域と大学のパートナーシップへの効果をアセスメント（評価）することと比べて違いがあるだろうか。後者においては，アセスメント（評価）と関連する地域の構成要素が定義できて，さらにパートナーシップについても構成要素を記述できなければならない。パートナーシップの関係性についてのアセスメント（評価）を組み立てるには，保健衛生のための地域と大学のパートナーシップ（CCPH: Community-Campus Partnership for Health）が示した「パートナーシップの原則」が役立つ。この原則は，もともとは保健衛生の専門教育の文脈において文章化されてきたものである（Seifer & Maurana, 2000）が，現時点では数少ない誰もが使える公共財であり，広く高等教育機関の全般にわたりパートナーシップに関連してうまく機能している。この原則は，下記の通りである。

1. パートナーたちの間で，パートナーシップの使命，価値，目標，そして測定可能な成果についての合意ができている。
2. パートナーたちの間の関係性が，相互の信頼，尊敬，誠実，責任を特徴としている。
3. パートナーシップが，特定された強みと長所を基盤としつつ，さらに改善を必要とすることがらに取り組んでいる。
4. パートナーシップが，パートナー間の力関係のバランスを調整し，資源の共有を可能にしている。
5. 明確で公開された誰もが参加できるコミュニケーションが存在して，個々の求めを聞き取る順番の継続的な調整が行われ，共通の言語を育み，用語の意味を認証・明確化する役割を果たしている。
6. パートナーシップの役割，規範，手順が，すべてのパートナーたちの関与と合意に基づいて定められている。

7. 継続的にパートナーシップとその成果を改善していくという目標に基づいて，パートナーシップのすべての関係者によるフィードバックが行われている。
8. パートナーたちが，パートナーシップに対する信用を共有している。
9. パートナーたちが，パートナーシップを発展・進化させるために時間を十分に割いている。

さらに，これとは別に，学生と地域のパートナーシップ事業を成功に導くキーとなる要素群が，地域の健康促進に関する教育的な協働の取組みを通して明らかにされている (Knapp et al., 2000)。これらは，地域への効果のアセスメント（評価）について考えるうえで有効な研究方法を提示している。もともとはとくに健康問題に焦点が当てられていたこの要素群は，さらに広汎な高等教育機関における多数の原則に関連性をもたせるようにまとめられている。

- パートナーシップのすべてのメンバーが，地域課題を理解していなければならないし，関連する地域の現実が学生の成長よりも優先されるということを確認していなければならない。
- 教員たちがサービスラーニングの活動が行われている地域とその課題についての知識を得るとともに，学生たちと地域の間のつながりを促進することができるようになり，さらに地域の代表者たちが学術機関やサービスラーニングの対象となって課題についての知識を得るために，地域と大学機関をつなぐ。
- 地域全体ではなく，特定の対象者グループに学生たちのプロジェクトが焦点化するように，共同して対象者を明確にする。
- パートナーシップのメンバーが，サービスの受け手を理解して，相手を気づかう適切なかかわり方を計画し実施する。
- パートナーたちが協力して，学生の自由になる時間のなかで実施できる短期間の適切なプロジェクトを見つけだし，地域の団体と学生の双方にとっての知識基盤として貢献する。

- 地域における課題や活動はもともと各種の学問分野にまたがっているので，パートナーシップのメンバーが学際的なチームとして働く実践モデルになる。

　こうした項目は，サービスラーニングの取組みを計画する際に役立つことは当たり前だが，ゆくゆくは取組みのアセスメント（評価）の照準を明確化するための土台にもなりうる。本章では地域への効果が強調されているが，ここで紹介したそれぞれの項目の着目点は，学生，教員，大学の視点と地域の視点の間をつなぐ結び目を明らかにしている。これらの項目はまた，サービスラーニングが地域におよぼす効果，そして地域がサービスラーニングにおよぼす効果を理解するための柱となる考え方につながりうる。
　Holland (2000b) は，学習に注目したもうひとつの取り組み方を提案している。彼女は，アセスメント（評価）の枠組みとしても利用可能といえる持続可能なパートナーシップの特性を以下のように示している。

- 目標や関心の隔たりや共通性について一緒に検討している。
- 互いに実りある共通の計画を立てている。
- パートナーどうしの因果関係が明確に述べられている。
- 大学と地域の双方の要件で成功が確認されている。
- パートナーシップの運営や資源の管理が共同で行われている。
- 地域の力が効果的に活用され，強化されている。
- 間を置かずに成功を確認し，定期的に成功を祝う機会を設けている。
- 知識の交流，双方向の学習と能力開発に注力している。
- 意思疎通と開かれた信頼の醸成が心がけられている。
- その成果と同時にパートナーシップそのもののアセスメント（評価）が継続的に行われることが約束されている。

　地域への効果のアセスメント（評価）は，まちづくりや共同体形成の理論や考え方をもとに開発することもできる。「ニーズ」よりもむしろ「資産」に基づいた手法の導入（Kretzman & McKnight, 1993）に加えて，共同体形成の枠組

みが，リーダーシップ，知識，創造性，そして問題解決能力に関する洞察力 (Keith, 1998) を提供するかもしれない。このような枠組みを活用して，この分野のアセスメント（評価）方法をより明確に述べるためにサービスラーニングの指導者がまちづくり分野の同僚たちとチームをつくる知恵をさずけるような評価に関する文献は，あったとしてもごくわずかである。

　地域への効果のアセスメント（評価）モデルは，文献としていくつか例がある。全国的なモデルケース研究事業である「全国的サービスを学ぶ保健医療従事者学校（HPSISN: Health Professions Schools in Service to the Nation）」において行われた保健専門職養成教育におけるサービスラーニングの地域への効果のアセスメント（評価）は，地域と大学とのパートナーシップへの効果について答える調査項目がひとつと，パートナーたち自身への効果に答える項目ももうひとつ組み込まれていた (Gelmon, Holland et al., 1998a and 1998b)。いくつかの財団は，地域変革を目指す社会的介入事業の効果を理解することを目的としたアセスメント（評価）について報告している (Annie E. Casey Foundation, 1999; Connell et al., 1995; Petersen, 1998)。「3つのIモデル」(起爆剤 initiator，自発性 initiative, 効果 impact) と呼ばれるモデルの活用に関する初期的なエビデンスは，地域の変容を理解するためのアセスメント（評価）への応用の可能性を示唆している (Clarke, 2000)。

　今後における地域への効果のアセスメント（評価）には，Cruz & Giles (2000) によって推奨された方法が寄与するかもしれない。彼らは，①分析手法群として地域と大学のパートナーシップを活用する (Seifer & Maurana, 2000)，②地域の声，互恵関係，パートナーシップに関してのサービスラーニングの優れた実践のための原則 (Sigmon, 1979; Honnet & Poulsen, 1989) を重視する，③アクションリサーチを活用する (Harkavy, Puckett & Romer, 2000)，④資産ベースの取組みに焦点を当てる (Kretzman & McKnight, 1993) という提案を行った。本章で示したアセスメント（評価）モデルには，これら4つの方略の要素がすべて盛り込まれている。それは，地域のパートナーに変化を起こす点，そして何らかの効果について述べたり紹介したりすることを重視する点で独特である。パートナーシップについてのアセスメント（評価）は，サービスラーニングの

効果に関するアセスメント（評価）全般の一環として必ず行われなければならない。

地域への効果のためのアセスメント（評価）マトリックス

　地域の関係者を理解するためのアセスメント（評価）マトリックスが，第7表に示されている。このマトリックスは，いくつかのプログラムにおける経験に基づいており，と同時に，それらの評価に関する最善の実践事例を統合したものとなっている (Driscoll et al., 1998; Shinnamon, Gelmon & Holland, 1999; Gelmon, McBride et al., 1998)。アセスメント（評価）項目（変数）は，それ自身が地域のパートナーに最も応用可能な事柄と地域と大学の連携に関連する事柄という2つの階層に分けて提示されている。

　地域のパートナーに関連したアセスメント（評価）項目を検討するにあたり，アセスメント（評価）の企画者は，組織の業績を評価しようとしていると解釈されないように，アセスメント（評価）項目を慎重に見極めなければならない。そうした組織の業績評価は，決してサービスラーニングの効果のアセスメント（評価）が主眼とするものではない。しかし，地域のパートナーからは，アセスメント（評価）項目が大学にとって魅力的なだけで，自分たちにとっては脅威や介入であると受け止められるかもしれない。そこで，3つのアセスメント（評価）項目は，連携先による大学の活動への参加がどのような影響を組織におよぼしたかという点に焦点化していることをはっきりわかるように示してある。私たちの経験に基づいて，焦点化する3つの主たる分野を以下に示す。

組織の使命を達成するための受容力

　学生たちによるサービスラーニングの活動は，行われた貢献活動の種類や，貢献活動の受け手の数，活動の多様性に影響をおよぼす可能性がある。学生の受入可能人数も変わるかもしれないし，それは組織の受容力に関係しているだろう。ボランティア中心に運営されている組織は，サービスラーニングでの連携を通して著しく組織の受容力を高めることができる。最終的には，大学の学

生や教員との相互作用により，連携先は資源や（自分たちの，サービスの受け手の，または大学の）ニーズを見抜く力を得るし，それは組織の受容力または事業戦略に影響をおよぼすだろう。

経済的な利点

サービスラーニングにおける教員や学生との相互作用を通して，連携先は，資源（人材，財源，情報，または資材）の面で，経済的な利益を得たり，負担を被ったりすることがある。参加した学生のなかから，というのがありがちだが，新しい職員を見つけたり，あるいは，それを探すための時間と費用を節約したりすることもある。地域と大学の連携は，地域組織にとっては，大学とともにまたは単独で申請することができる新たな資金獲得の機会を見つけることもあり，さらなる経済的な利点を生み出す。もうひとつの利点は，通常，組織がすぐに活用できる状態で保有していない新たな専門性（グラフィックデザイン，多文化研修，広報宣伝素材の開発など）を調達して，プロジェクトを達成させることである。このような利点は，しばしば地域組織が学術機関と連携を行う際の動機づけのひとつとなる。

社会的な利点

大学との協働を通して，地域組織は新たなつながりやネットワークを見つけることがある。それは，時には個人であったり，時には他の地域組織（とくに大学が複数の地域のパートナーを地域の諮問委員会に一緒に位置づける，または組織間の協働を演出するような場合）であったりする。学生たちがサービスラーニングの後も活動を続けるような場合（学生たちが友人や家族を連れて参加することもよくあるため）に，地域組織がボランティアの数が増えたと報告することもしばしばある。サービスラーニングの結果として，地域課題（地域安全の見守り，街灯の改善，土地の不法占拠の減少，利用できる予防接種の診療所の増加など）に効果をおよぼすこともあり，それは組織や地域にとって社会的な利点をさらに提供することになる。アセスメント（評価）作業は，地域のパートナーが学生に限らない一般のボランティアたちと活動する新たな，そしてしばしばより良い方法を考える手助けになる。

2番目のアセスメント（評価）項目群は，地域と大学の連携に関するアセスメント（評価）項目である。この観点からのアセスメント（評価）には課題がある。なぜなら，連携というものがややはっきりしない性質であること，そしてアセスメント（評価）可能な事柄を定義づけることの難しさがあるからである。結果的に，これらのアセスメント（評価）項目のいくつかは，文章で示すことができる指標を用いている。その他については，連携を支えたり，連携に役立ったりするサービスラーニングの過程に生じる事柄に関連した項目になっている。

地域と大学の関係（連携）の性質
 このアセスメント（評価）項目の核となるのは，連携がつくられる過程についての記述である。ここでは，実施される活動の種類，連携の生成や活動への参加を妨げるまたは促進する要因について，連携先の視点から描出される。連携の性質を調査することにより，互いに尊敬し合い目標を共有するために重要な知見を明らかにし，連携についてのさまざまな原則や特性のなかで言及される多くの要素を浮き彫りにすることができる（Seifer & Maurana, 2000; Knapp et al., 2000; Holland, 2000b)。

地域と大学の相互作用の性質
 連携の核となる要素は，そこに生じる相互作用の性質と種類である。理想的には，単純に連携先に出向いて特定の活動を行う学生たちの行動をアセスメント（評価）するというのではなく，多角的な相互作用をアセスメント（評価）する。相互作用は，たとえば連携先の人々が大学に来て教室での振り返り（省察）の会議や活動の企画づくりの場面に参加する際に見られる。または学生や教員がサービスラーニングの地域の諮問委員会の会合やボランティア活動，地区活動に参加するために地域組織に出向く際にもみられる。連携は，ウェブデザイン，マルチメディアによる発表，チラシづくりなどといった特殊な作業の際にも集中して表れる。コミュニケーションは連携に欠かせない要素なので，その手法と形態に注目すべきである。最終的には，相互作用の度合いは，サービスラーニングのプログラムと活動に関する連携先の認識のレベルを記述することで理解される。

連携の満足度

連携を生み出し，実行し，維持するには，満足感が欠かせない。ここでキーとなる要素は，活動における相互努力と互恵性についての認知度である(Gelmon, Holland & Shinnamon, 1998)。この項目をアセスメント（評価）するには，連携の参加者がほめ言葉のみでなく懸念も報復のおそれもなく表明できる安心できる環境を整える必要がある。このアセスメント（評価）のためにデータを収集しようとする際には，文化的な規範意識について考慮しなければならない。満足度に関するもうひとつの要素は，どのような事柄に満足または不満なのか，連携のあらゆる参加者の応答を理解することを通してアセスメント（評価）される。満足度のアセスメント（評価）は，こうした多角的な観点を考慮して（大学の観点のみを考慮するという罠に落ちずに）デザインされなければならない。このアセスメント（評価）項目は，何から満足が生まれるかに関して予期せぬ発見の機会を少なからず提供する。

連携の持続性

連携づくりの努力が実り，もしそれが成功するならば，たいていの場合こうした努力を持続したいという願望が生じる。連携の持続可能性は，連携期間，発展過程についての知見を得ることから理解される。とくに，連携過程において協働を妨げたり，または促進するキーとなった出来事の確認は，連携の強みと利点に関する有益な知見をもたらす。連携の持続性をアセスメント（評価）するには，関係の持続に関する連携先の意向と，連携を築き長く維持するために費やした時間の両方を調査することが欠かせない。また，連携が自分たちの目標に合致しているかどうかについて，連携先がどのように認識しているかを聞くことからも知見が得られる。

▶ 地域への効果をアセスメント（評価）するための方略

地域への効果のアセスメント（評価）において関係者の協力を得るには，協力する人々の時間，負担，提供する資料について敬意を払うことがキーとなる。学生たちには，省察的な活動日誌を書く十分な時間をもつように求めることが

できるが，地域のパートナーにそのような時間を割くことを期待することはできない。同様に，相手が教員であれば，インタビューまたはフォーカスグループを調査者が行うのに都合が良いときに招集することができるが，相手が地域のパートナーであれば，調査者は相手の都合の良いときに出かけていってインタビューをしなければならない。さらに，活動が忙しい時間帯にどこか中心となる場所に連携先の人たちを集めてフォーカスグループ調査を行うとすれば，それに見合う便益が連携先になければならない。地域への効果をアセスメント（評価）するために，最小の努力で最大の利益が大学と地域のパートナーにもたらされるような手法を，注意深く配慮して選択する必要がある。これは，集められるデータの種類に関してある程度の妥協を迫るかもしれないが，回答率の増加とデータの質の向上によって相殺されるだろう。

　地域のパートナーは，アセスメント（評価）を返す機会を重要視するし，アセスメント（評価）の取組みに参加を呼びかけられることによって，大学の活動のなかに自分たちの役割があると感じるし，それが大切なことであるという報告をしばしばすることがある。彼らは，学位をもっていないということで，教員や大学運営者に囲まれて大学での議論に参加することに気後れするときがある。このような不安には，慎重に対応する必要があり，彼らが歓迎されていて，その価値を認められていると感じられるようにしなければならない。とくに難しいのが，良いことばかりでなく，批判的，省察的な観察を踏まえつつ経験を率直に語れると連携先が感じられる適切なコミュニケーションの環境を整えることである。連携先は，しばしば良いことを語りたがる。とくに，彼らが提供されたサービスや連携によって得られた便益に感謝している場合には，そうなりがちである。しかし，連携先の一部は，「仕返し」や連携が壊れる，または教員との関係が危うくなるというおそれから，批判的になることを嫌がる。さらに，自分たちを助けてくれる人を批判すべきでないという文化的規範意識もあるかもしれない。共同作業を改善しようということを強調しつつ，また批判があっても敵対的な行為は決して行われないことを十分に保証しつつ，連携先からの率直な批評を奨励することに注意が払われなければならない。

　地域の声を取り入れることから生じる具体的な利点のひとつは，大学外から

の観点を追加できることである。地域のパートナーは，非常に価値ある知見を提供できる。たとえば，貢献活動に対する学生たちの準備について，教員が報告した指導の内容が有効だったか，不要だったかについて，連携先のアセスメント（評価）で確かめることができる。同様に，学生たちが報告する彼らの活動の価値についての認識が，地域のパートナーによる彼らの貢献の価値についての認識と同じこともあれば，反対なこともある。このことから，学生や教員はいつも肯定的で，地域のパートナーはいつも反対の考えであると解釈すべきではない。ときには，地域のパートナーの方が，学生や教員の観察よりもはるかに満足したと表明することがある。地域環境における学生による観察は，こうした関係における利点と課題を浮き彫りにする手助けになるし，活動の企画，コミュニケーション，または他の相互作用の領域で改善すべき分野を浮き彫りにするかもしれない。

　地域への効果をアセスメント（評価）するためのさまざまな手法に関する具体的な解説は，この先の具体的な技法についての項で詳しく紹介する。よってここでは，質問紙調査，フォーカスグループ，インタビューといった手法については，知見を得るためのアセスメント（評価）の方略に関する上記の考察にとどめておく。いくつか具体的な観察法については，下記の通りである。

地域のパートナーへの質問紙調査

　調査者は，学期の早い時期に教員から連携先の連絡先情報を得る必要がある。教員には，収集される地域のパートナーの情報は機密性が保たれ連携先の了解がない限り公表されないということも確約しておくべきだろう。一部の教員は連携先を失うことを心配するので，教員には，質問紙のコピーを1部渡しておくべきである。そうすれば連携先にどのような質問が行われるか教員は知ることができる。

地域における観察

　地域に出かけ観察することによって豊富なデータが得られるが，その観察をうまく機能させるには運営面で困難があるかもしれない。時として観察は，介入ととらえられるので，それを避ける配慮が求められる。しかし，そうした困

難は，学生たちが活動している状況を，とくに後方支援や連絡調整，そして科目の課題と連携先の事業のつながりに関して，より良く理解できる機会が得られることにより相殺される。観察をしている間に生まれるふれあいは，その後に行われる質問紙，インタビューやフォーカスグループ調査の依頼に対する地域のパートナーの応答を良くすることに役立つこともあるだろう。

地域のパートナーへのフォーカスグループ

地域のパートナーへのフォーカスグループは，都合の良い時間を見つけるという面で実施上の困難が生じる可能性がある。調査対象となる人たちを大学に招いて食事をしながら行ったり，相手が新たな連携先であれば学内ツアーと組み合わせたりする等は，連携先の参加を誘う手助けとなりうる。連携先へのフォーカスグループに付随する利点のひとつは，すでに関係があったり，初めて地域の他のメンバーに出会ったりする連携先どうしの間に，さらなるネットワークが生まれることだ。調査対象となる人たちを大学に招き，とくに歓迎を表す環境で迎えるならば，連携先への感謝を伝えるよい機会になる。

地域のパートナーへのインタビュー

地域のパートナーへのインタビューは，教員を不安にさせるものかもしれないので，インタビューの目的とその手順の内容を教員が必ず理解するよう配慮すべきである。インタビューもまた，多くの連携先が時間が足りないと感じているなかで，その貴重な時間を費やすことになる。しかし，フォーカスグループのために移動しなければならないとすれば，むしろ自分たちの所でインタビューを受けることを好む連携先もあるだろう。そこで，インタビューは，大学，教員，そして連携先にできるだけ利益を生むように内容を絞り込む必要がある。インタビューは，連携の複雑さを理解するための貴重な情報をもたらし，地域のパートナーが教育活動の一環を担っているとどれだけ感じているかを表現する機会となる。インタビューのひとつの利点は，大学との関係をひとつの科目，一人の教員との関係を越えて発展させたいと期待してうまく維持すれば，関係が発展する可能性があるのだと連携先に伝えることができることだ。インタビューの結果として，連携先は，学生や教員が彼らの活動に参加する別の機会を見つけ出すかもしれない。

小　括

　サービスラーニングの効果をアセスメント（評価）するなかで，おそらく地域についてのアセスメント（評価）が最も困難な局面である。それは，2つの主な理由に起因している。第一には，先に記したように，「地域」が何を意味するのかを定義することが困難であるにもかかわらず，調査者には，組織，受益者，そしてさらに大きな社会システムのどの側面をアセスメント（評価）するのかをはっきりと記述した定義を明確に採用することが求められるということである。第二には，地域のパートナーは自立した組織であり，大学の監督下にあるわけではないので，アセスメント（評価）にかかわってもらうための依頼やそれに関して何らかの賞罰を結びつけるような力が，大学にはほとんどないということである。したがって，調査者は，手段，時間の確保，有益な結果を出す可能性といった面で地域のパートナーを説得できるアセスメント（評価）の企画を立てる難しさに直面する。

　こうした2つの課題があるにしても，地域のパートナーから得られる地域と大学の連携に関する知見は，サービスラーニングの効果を総合的に理解するのに欠かせない情報を豊富に提供してくれる。地域への効果を理解するためのアセスメント（評価）手法の例は，この後に示す。

第7表 地域へのアセスメント（評価）マトリックス

何を知りたいのか（概念）	どのようにそれを知ろうとするのか（指標）	どのようにそれを測定するのか（手法）	誰が，あるいは何がデータを提供するのか（情報源）
地域のパートナー団体についての変数			
組織の使命を達成するための受容力	・提供されたサービスの種類 ・サービスの受益者の数 ・参加した学生の数 ・求められた活動内容の多様性 ・資源とニーズを見抜く力	・質問紙調査 ・インタビュー ・フォーカスグループ ・刊行物・記録の参照 ・クリティカル・インシデント・レポート	・地域のパートナー ・学生 ・教員 ・サービスラーニングのための諮問委員会 ・地域のパートナーの理事会
経済的な利点	・新たな職員の発掘 ・教員・学生によって提供されたサービスを通じた資源活用に関する効果 ・新たな資金獲得の機会	・インタビュー ・フォーカスグループ ・刊行物・記録の参照	・地域のパートナー ・学生 ・教員 ・地域のパートナーの理事会
社会的な利点	・新たな関係やネットワーク ・ボランティアの数 ・地域課題への効果	・インタビュー ・フォーカスグループ ・刊行物・記録の参照	・地域のパートナー ・学生 ・教員 ・地域のパートナーの理事会
地域と大学の連携についての変数			
地域と大学の関係（連携）の性質	・連携の創出 ・実施された活動の種類 ・制約要因／促進要因	・インタビュー ・クリティカル・インシデント・レポート ・刊行物・記録の参照	・地域のパートナー ・教員 ・地域のパートナーの理事会
地域と大学の相互作用の性質	・互いの活動への参画 ・コミュニケーションの形態 ・大学のプログラムや活動に関する地域の理解 ・地域のプログラムや活動に関する大学の理解	・インタビュー ・フォーカスグループ ・刊行物・記録の参照	・地域のパートナー ・学生 ・教員 ・サービスラーニングのための諮問委員会
連携の満足度	・相互性と互恵性に関する認知度 ・関心事項に関する反応度 ・評価を返すことへの意欲	・インタビュー ・質問紙調査 ・フォーカスグループ	・地域のパートナー ・教員 ・地域のパートナーの理事会
連携の持続性	・期間 ・発展性	・インタビュー ・質問紙調査 ・クリティカル・インシデント・レポート	・地域のパートナー ・教員 ・地域のパートナーの理事会

◤ 方略と方法：地域

地域における観察 ………………………… 138

地域のパートナーへのフォーカスグループ ……… 141

地域のパートナーへのインタビュー …………… 145

地域のパートナーへの質問紙調査 ……………… 147

G 地域における観察

●目 的

　地域における観察の手順は，サービスラーニングまたは地域に根差した学習を取り入れた科目の一環として地域で活動する教員と学生を観察する際の見本となる質問と注目すべき分野の組み合わせを示している。こうした観察の目的は，以下の通りである。

- 学生／教員と地域のパートナーの相互作用の性質と中身を説明する。
- 地域での貢献活動の経験を成り立たせる原理，つまり学生，教員，そして地域のパートナーの役割のあり方を解明する。
- 地域における学生の学びを記録する。
- 地域に貢献するデータ（学生，活動時間，サービスの種類，受益者などの数）を集める。
- 連携のあり方を解説する文書を提供する。

●準 備

　地域における観察の準備においては，次のような手順が求められる。
1. 観察結果の信頼性と観察の実行力をともに高める訓練と説明を観察者に施す。
2. 学生と地域のパートナーに対して，アセスメント（評価）についておよび観察者とその役割について説明するための時間を設ける。さらに，観察の分析結果について説明する時間も設定する。
3. 最も観察に適した地域の状況，日時を決定する際に教員を関与させる。教員と地域のパートナーが，一緒に観察の計画をつくる。

●実 施

　観察は，頻繁でない程度に行われるべきである（四半期または半期に1，2回）。そして，教員や地域のパートナーと，よく調整すべきである。地域における観察の手順を使うことにより，観察者は以下のような情報を収集できるだろう。

- 状況
- 学生，教員，地域のパートナーの役割
- 地域での貢献活動中に生じる相互作用，コミュニケーション，活動内容
- 学生，教員，地域のパートナーの関心事項
- 達成されたこと，作業内容，またはサービスの内容
- 環境（雰囲気，感情）

　地域における観察の手順は，観察者が回答すべき質問と観察者が気づくべき重点項目を示しているが，観察の記録書式は提供していない。つまり，観察者には，日誌やノートに文章として記録することを求めている。文章による記録は，生の聞き書き，具体的な事例，そして（可能な範囲で）観察期間に起きた出来事が含まれているべきである。実際に記録をしている間，観察者は中立的な立場を維持し，勝手な解釈や批評を避けるように努めなければならない。観察したことを記録した後，観察者はまとめをつくるだろう。その際には，解釈を加えたり，疑問を投げかけたりしてもよく，他の情報と観察結果を関係づけ，そして研究の柱となっている概念に観察結果を結びつけるとよい。

●分　析

　地域における観察には，豊富なデータが含まれている。観察により得られたデータを分析するには，読み込みを繰り返すことによる複雑な過程を経なければならない。最初の読み込みは，データの概要をつかむために行われる。2回目の読み込みは，データのなかにある論じるべき主題や傾向を浮かび上がらせることを意図して行う。3回目の読み込みでは，主題や傾向を確認し，追加すべき事柄を見つけ，主題や傾向に関連したデータの整理を開始する。手順に則った質問と焦点は，予期していなかったものも含め，主題または傾向という形で観察データのなかから現れてくるだろう。分析とコード化には，前にふれたフォーカスグループやインタビューと類似の様式が活用できる。

》 地域における観察の手順書 《

1. 設定の書き出し：観察するデータ，立地条件，場所の調整，環境，雰囲気，進める速度，その他の要素について。
2. 出席者と，彼らの具体的な役割を書き出す。
3. 学生は，どのような役割（観察者，リーダー，参加者）を担うのか。教員は，どのような役割を担うのか。地域のパートナーは，どのような役割を担うのか。
4. コミュニケーション／やりとりを書き出す。関係者の分類（例：学生，連携先，受益者等）。
5. 地域での活動が，どのように終了するのか。どのような締めくくり方になるのか（「次回，私たちはもっと……」，「さよなら」，または何も行われないのか）。
6. どのような達成事項，役割，サービスについて観察したのか。
7. 学生は，教員は，地域のパートナーは，どんなことに関心をもったのか。その状況は，どうだったのか。
8. 他に関連する観察を加える。

G 地域のパートナーへのフォーカスグループ

●目　的

　地域のパートナーとともに行うフォーカスグループの目的は，グループディスカッションを促進することにより，地域の視点から連携によって得られた経験についてよりよく理解すること，連携を改善する方法についての振り返り（省察）を手助けすることである。フォーカスグループは，地域のパートナーどうしが知り合い，社会的ネットワークをつくることに役立つ。フォーカスグループは，たいてい1時間ないし1時間半程度の長さだが，研究課題の分析に役立つ具体的な情報を豊富に得ることができる。

●準　備

　フォーカスグループを準備するには，以下のような手順が求められる。
- フォーカスグループのディスカッションを促進する訓練されたファシリテーター（進行役）を1人，さらに少なくとも観察者／記録係を1人配置する。この場合の記録係は，フォーカスグループの始めから終わりまでの備品を揃えることと，発言以外のコミュニケーションも記録する責任を負う。
- サービスラーニングの授業を行いながら，フォーカスグループに参加してもらう5人から8人の連携先の人たちを確保する。
- 連携先にとって都合の良い時間と場所を設定する。
- 円形の座席レイアウトに適した静かな部屋が必要である。
- 高性能の録音機材があることを確認する。
- パートナーのために，駐車場を手配し，キャンパスの地図を渡しておく。
- 連携先に案内状を送付して，集合時間を徹底する。

●実　施

　ファシリテーターは，フォーカスグループの手法について訓練を受けていることが必須である。記録係かファシリテーターを兼ねても良いので，連携先と

の連絡調整役を確保する。連絡調整役を置くことは，連携先と顔の見える関係をつくるのに役立つ。以下のような運営上の工夫が，フォーカスグループを成功に導く。

- 参加者に名札を配る（匿名にする必要がない限り）。
- 円形またはそれに近い形態で座れるように会場を設営する。
- ファシリテーターは，あらかじめ用意した台本を使い，プログラムをはじめ，目的と基本的なルールを説明する。
- 記録係の役割についても説明する。録音漏れした場合に予備の記録を提供すべくそこにいるということを強調する。
- 参加者の自己紹介を行う。
- 次ページに掲載している序説は，フォーカスグループの質問を始める前に，参加者に対して読み聞かせておく。

●分　析

　録音したテープと書きとった記録は，プログラムの終了後できるだけ速やかに書き起こさなければならない。フォーカスグループは，膨大な量の貴重な文字データを生み出す。分析には，調査の冒頭で提示された質問に沿って，データを意味のまとまりに細かく分類して整理する作業が含まれる。重要な語句や引用句を見つけるためにデータをコード化したり，データの細項目内あるいは，細項目間の傾向を探すことで，結果を解釈する。フォーカスグループの結果分析についての詳細な解説は，Morgan（1993, 1997, 1998）を参照されたい。

≫ 地域のパートナーへのフォーカスグループの手順書 ≪

●序　説

　フォーカスグループには，2つの目的があります。ひとつめは，地域に根差した組織の連携に与える効果を理解することです。2つめは，大学が将来的に連携を改善するうえで役立つ肯定的あるいは否定的な反応を集めることです。ここでの議論は，詳しい情報をつかむ目的で録音されますが，発言はすべて部外秘とされ，誰が言ったのか個人が特定されないように扱われます。参加者としてみなさんは，率直かつ的確（できるだけ議論が本題からそれないようにする）に発言していただければ，フォーカスグループを成功させることができます。フォーカスグループにおける率直な議論は，大学の取組みの影響を立証し，その地域を支援する取組みの強みと弱みを認識し，改善すべきところを確認するのに役立ちます。ファシリテーターとしての私の役割は，自分の意見を出さずに，ねらいに沿った一連の質問に基づいた座談会におけるみなさんの案内役になることです。私は，全員が議論に参加するように，そして誰かが議論を支配してしまうようなことがないように，進行役として努力します。発言の際には，1回にひとつの意見を言うようにしてください。そうしていただければ，録音した記録がわかりやすくなります。簡潔で具体的な議論をお願いします。同意しない事柄がある場合には，異なる見方について意見を言うべきですが，私たちは共通理解を求める，あるいは合意に至るために時間を使うことはしません。この会の目的は，ひとつの共通意見に達することではなく，ありうるすべての考え方について学ぶということなのです。

●質　問

1. 自己紹介と大学との連携の内容について短く説明をしてください。（10分）
2. うまくいったことは何でしたか。結果を成功に導いた要素は何でしたか。最も重要な成功の要因は何でしたか。（10分）
3. あなたの考えでは，大学との連携の恩恵をどのように説明しますか。何らかの経済的な恩恵ですか。連携が生んだ結果の価値は何でしょうか。事業運営に関する何らかの新たな考え方ですか。課題の当事者へのサービスを実施する組織の力

について，何らかの効果はありましたか。(10分)
4. 連携の負担（もしあれば）をどう説明しますか。[必要とされた時間や人員]（10分）
5. 連携に影響した障壁は何でしたか。[それにどう対処しましたか]（5分）
6. 次の機会にどんな違うことをしますか。ひとつ変えるとしたら何を変えますか。（5分）
7. 次の機会に大学は何を変えるとよいでしょうか。できるなら，大学の取組みのどこを変えますか。(10分)
8. 大学について以前知らなかったことで，今なら知っていることは何ですか。大学についてもっと知りたいことは何ですか。(10分)
9. 今回の経験を他の地域団体・組織の同僚たちにどのように説明しますか。その際，何を強調しますか。(10分)
10. 最後にしていただくのは，大学とともに仕事をする経験についてもう一度振り返っていただくことです。連携の取組み全体，そして今日の議論全体について振り返ってください。あなたが大学に最も聞いてほしいことは何だったでしょうか。何かまだ議論していないことはありますか。(10分)
11. 他に共有しておきたいことが何かありますか。

全所要時間：1時間30分

ご参加ありがとうございました。

G 地域のパートナーへのインタビュー

● 目 的
　地域のパートナーへのインタビューは，大学と一緒に仕事をする経験についてどう考えているのかについて，地域のパートナーの人と一対一で話し合う機会をつくることをねらいとしている。この手法は，地域と大学の多岐にわたる相互作用についてアセスメント（評価）するために有効である。

● 準 備
　地域のパートナーの都合がよい場所と時間を選んで，1時間のインタビューの予定を組む。連携先には，事前にインタビューの目的を伝え，インタビューに先だって連携の効果について振り返り（省察）をしておいてもらう。

● 実 施
　インタビューは，すべての調査項目を網羅しつつ首尾一貫して実施されなければならない。以下は，そのためのいくつかの指針である。
- 時間厳守
- 調査者自身の自己紹介と取組みにおける自分の役割の説明
- インタビューの目的の説明
- 秘密厳守の確認
- 率直に話してもらう重要性の強調
- メモをとるか，もしくは録音について了解の確認
- 手順書通りの注意深い進行と中立性を保った聞き取り

● 分 析
　メモまたは録音を速やかに書き起こす。キーワードや主題を書き起こしたなかからコード化する。コード化したキーワードや主題を傾向別に整理して，調査項目を比較する。

≫ 地域のパートナーへのインタビューの手順書 ≪

いくつかの基本的な情報の提供から始めましょう。
1. あなたの組織が参加した大学との連携の取組みに関する概要について，あなた自身の観点で説明してください。
2. なぜこの連携の取組みに参加しましたか。それは，どのような経緯でしたか。

取組みの成果について話しましょう。
3. 何を期待していましたか。具体的な目標はありましたか。期待は満たされましたか。
4. 成功の鍵は何だったと思いますか。具体的にうまくいったことは何ですか。その理由は何ですか。
5. 直面した障壁は何でしたか。それらにどう対処しましたか。

私たちは，連携の取組みがあなたの組織に与えた効果について関心があります。
6. あなたの組織にとっての恩恵は何でしたか（社会的恩恵，経済的恩恵，職員への効果，運営面の知見，課題の当事者へのサービス提供能力の向上）。
7. 今わかっていることに基づけば，連携の取組みをより良く進めるためにあなたは何を変えるでしょうか。

連携における大学の役割について考えましょう。
8. 次の機会に大学は何を変えるべきでしょうか。

最後に，大学と一緒に仕事をする経験についてもう一度振り返ってください。取組み全体と今日の議論全体を振り返ってください。
9. あなたが最も大学に聞いてほしかったことは何ですか。
10. 将来的に大学とどのような連携をつくり，続けたいと願いますか。

ご協力ありがとうございました。

G 地域のパートナーへの質問紙調査

●目　的

　地域のパートナーへの質問紙調査は，サービスラーニング科目の一環として学生たちを受け入れた経験に関する地域のパートナーの見解，動機，関心事，姿勢を明らかにすることをねらいとして行われる。この調査は，学生や教員との経験に関する事柄についての連携先による同意のレベルを5段階で表してもらう方式で行われる。それぞれの段階は，「全くそうは思わない」「そうは思わない」「どちらともいえない」「そう思う」「とてもそう思う」という幅で分けられる。調査には，大学との相互作用，直面した問題，相互作用で受けた影響，大学におよぼした影響，そして大学とのつながり全体に関する満足度に関する地域のパートナーが評価する質問項目が盛り込まれている。この地域のパートナーへの質問紙調査は，文献のレビュー，すでに行われた調査，地域のパートナーと教員による議論を経て開発された。

　この調査を通して得られる情報は，サービスラーニングまたは地域に根差した学びを取り入れた科目に関して地域のパートナーと学生や教員が一緒に活動するための企画を立てる目的で，有効に活用することができる。

●準　備

　地域のパートナーへの質問紙調査を実施する前に，以下のような準備の手順を行うことが求められる。

1. 調査票の使用の目的を決めておくこと。事前と事後の変化のアセスメント（評価）に使うのか，サービスラーニング科目に参加した後の地域のパートナーの一般的な態度や見通しを説明する方法としてのみ，事後調査で用いるのか，といったことを決めておくこと。
2. 連携先の視点を，より完全でより有用に浮かび上がらせるために，地域のパートナーへの質問紙調査は，データを収集する他の方略に補完して用いるものだと考えておくこと。この調査票は，地域のパートナーへのインタビュ

ーやフォーカスグループを行う前に用いられるのが理想的である。科目の全体像をとらえるために，地域のパートナーへの質問紙調査は，学生や大学教員への質問紙調査から得られるデータを補完するものであろう。
3. 調査票を用いて実施する適当な日程を決めておくこと。ふつうは，その科目が終わった後すぐがよい。
4. 地域のパートナーにこの調査票の使用に関して承諾と協力を要請しておくこと。地域のパートナーへの質問紙調査に先立って，地域のパートナーに，その目的を知らせ，できれば書面で，承諾を得ること。

●実　施

準備の段階が終わったら，以下の運営の手続が，地域のパートナーへの調査のためには推奨される。
1. 調査から得られるデータの収集にあたっては，地域のパートナーの匿名性は確保され，維持されること。
2. 調査が終わるまでに15-20分を要するということを，地域のパートナーに知らせておくこと。
3. 調査が郵送配布の場合には，調査票の返却に関して，いつまでに，どこへ，といった情報を，明示しておくこと。

●分　析

データ分析は，統計解析ソフトであるSPSSを用いて実施することができる。サービスラーニングの経験の事前と事後を評価し比較する場合には，度数分布，記述統計量，カイ二乗，分散分析，因子分析といった分析がある。まず，記述統計量と度数分布は，データの基本として供される。すなわち，平均値，最頻値，項目間の標準偏差が得られる。第二に，カイ二乗は，地域のパートナー間の記述データの相関を示す。第三に，因子分析は，近い関係にある項目を減らし，カテゴリーにまとめる。最後に，分散分析は，因子分析から得られる項目あるいは項目群において，連携先間の分散の存在を調査するのに有用である。

地域社会に根差した学びに関する地域のパートナーへの質問紙調査

私たちは，地域社会に根差した学びが，地域のパートナーに与えた効果をよりよく理解したいと考えています。そのために行うこのアンケート調査のために，5分から10分のお時間を割いていただき，ご記入のうえ，大学の担当者宛にご返送いただきますようお願いいたします。

I. まず，あなた自身についていくつかの質問にお答えください。

1. あなたは，私たちの大学とかかわるようになってから何年になりますか。
   - ☐ 1年未満
   - ☐ 1年以上3年未満
   - ☐ 3年以上

2. あなたの組織は次のどれに当てはまりますか。
   - ☐ 公共機関　　または　　☐ 民間団体
   - ☐ 営利組織　　または　　☐ 非営利組織

3. あなたの団体の活動分野はどれですか。
   - ☐ 教育　　　　☐ 住宅　　　　☐ 安全・安心
   - ☐ 保健　　　　☐ 環境　　　　☐ 公共サービス

II. 次に，大学にかかわるあなたの直近の経験についての質問にお答えください。

4. あなたの組織の使命を果たすうえで，大学とのかかわりはあなたの能力にどのように影響しましたか。（複数回答可）
   - ☐ 組織／その運営についての新たな見識
   - ☐ 組織の方向性の変化
   - ☐ サービスの受け手の数の増加
   - ☐ サービスへの申込数の増加
   - ☐ 提供するサービスの質の向上
   - ☐ 影響はなかった
   - ☐ 財務／その他の資源活用力の増加
   - ☐ その他の影響（具体的に）＿＿＿＿＿＿＿
   - ☐ 他地域のグループとの新たな関係／ネットワーク

5. あなたが直面した課題は何ですか。（複数回答可）
   - ☐ スタッフの時間の確保
   - ☐ 大学の科目目標と組織の間の不一致
   - ☐ プロジェクト期間の不足
   - ☐ 教員との連絡／かかわりの不足
   - ☐ 学生の準備不足
   - ☐ 期待したほどには学生が働かなかった
   - ☐ 学生の数が組織の大きさに合っていなかった
   - ☐ その他（具体的に）＿＿＿＿＿＿＿＿＿＿＿＿＿＿＿＿＿＿＿＿＿＿

6. 大学とのかかわりによる経済的な効果は何でしたか。(複数回答可)
   - □ サービスの価値の増加
   - □ 新たな製品，サービス，資料の開発
   - □ 組織的な資源の増加
   - □ 財源確保の機会の増加
   - □ プロジェクトの完了
   - □ 新たなスタッフの確保
   - □ 大学の技術や専門性の活用
   - □ 新たなボランティアの確保
   - □ その他（具体的に）_____

7. サービスラーニング科目のひとつにかかわった結果，大学に影響を与えることができると思える事柄は次のどれですか。(複数回答可)
   - □ 科目内容
   - □ 教員の地域への理解
   - □ 大学の方針
   - □ 学生の学びの経験
   - □ その他（具体的に）_____

8. このサービスラーニング科目にかかわった結果，あなたの大学についての理解はどう変わりましたか。(複数回答可)
   - □ 大学の事業やサービスについて理解が深まった。
   - □ 情報や手助けを求める際に誰に連絡すればよいかわかった。
   - □ 学内の活動にさらにかかわりが深くなった。
   - □ 大学の資源に関する知識が増えた。
   - □ 教員や経営陣とのかかわりが増えた。
   - □ 大学の授業を履修した。または，履修しようと計画している。
   - □ その他（具体的に）_____

9. この活動，または他の活動で大学との共同を続けるつもりがありますか。
   - □ はい　　□ いいえ

III. 次の分野について大学の科目とのかかわりの満足度をお答えください。

	全くそう思わない	そうは思わない	どちらともいえない	そう思う	とてもそう思う
10. 学生や教員とのコミュニケーション全般	□	□	□	□	□
11. 学生や教員とのかかわりの度合いと質	□	□	□	□	□
12. 学生の活動の質	□	□	□	□	□
13. 活動計画に意見，情報提供が生かされたか	□	□	□	□	□
14. 活動の範囲と時期	□	□	□	□	□
15. 教員や学生との信頼の度合い	□	□	□	□	□

16. あなたがかかわった地域に根差した学習を取り入れた科目をどのように支えましたか。
　　（最も当てはまるものをひとつ選択）
　　　□　私たちが活動内容の調整と学生の配置を行った。
　　　□　教員が活動内容の調整と学生の配置を行った。
　　　□　大学院の学生が活動内容の調整と学生の配置を行った。
　　　□　教員らとともに協力して活動内容の調整と学生の配置を行った。
　　　□　学生たちが自らの活動の配置を決めた。

17. 今回の取組みのなかで最もよかったことは何ですか。
18. 今回の取組みのなかであなたが変化したのはどんな場面でしたか。
19. その他，何か付け加えたいコメントがあれば記入してください。

ご協力ありがとうございました。

［日付］までに［送付先住所］宛に本調査票をご返送ください。

大学機関への効果

▶ なぜ大学機関への効果をアセスメント（評価）するのか

　多くの大学機関が学生にサービスラーニングの機会を提供するようになるにつれて，組織的な状況が強い影響を与えることが明確になってきた。サービスラーニングの潜在的な役割が，大学のなかで議論されるようになった初期の段階から，サービスラーニングを実施する際，どのレベルでも，またどの実施段階においても，意思決定には，大学機関の要因が影響していた。加えて，サービスラーニングに関する組織的な吟味は，大学の執行部のリーダーシップによるトップダウン型で始められるところもあるし，大学教員の取組みによってボトムアップ型で始められるところもある。いずれの場合も，大学はサービスラーニングにかかわる程度をめぐる，組織を越えたコミュニケーションや合意が促されるよう奮闘しているだろう。機関のアセスメント（評価）は，サービスラーニングを進める際の学内での障壁に対応し，コミュニケーションと共通理解とを促し，組織変革の必要な分野を見定めるための手段となりうる。

　サービスラーニング・プログラムは，常にその大学機関の環境に強く影響を受ける。サービスラーニングや，社会参画の取組みにおける組織的な状況の影響とは，次のことを意味する。すなわち，大学機関の要因を体系的にアセスメント（評価）することは，意思決定に影響をおよぼしたり，障壁を軽減したりするために，適切で中立的なデータを提供することで，大学の関与を促進するというきわめて重要な役割を果たしうる。

　大学機関におけるアセスメント（評価）が，大学機関のさまざまな部課で，どのように用いられるのかを考えてみよう。サービスラーニングへの大学教員

の関心とかかわりを広げようとする大学の執行役員にとっては，サービスラーニングが学生の学びを高めたり，財政資源を有効に活用したり，大学機関の評判や地域との関係を強めたり，大学教員の職業上の満足度を改善したりするというようなエビデンスを示す助けになる。学部執行部や学科代表らにとっては，サービスラーニングには実施するだけの価値があり，昇任や任期解除の決定に考慮しうる活動を記録する手助けになったり，大学の執行役員たちが，サービスラーニング・プログラムへの支援や投資に納得したりするというようなエビデンスを示す助けになる。また，個別の大学教員にとっては，個別のサービスラーニング科目を越えて効果を示したり，他の教員や職員に，サービスラーニングが価値あるものであることを証拠立てて述べたりするのに，アセスメント（評価）は役立つだろう。

　大学機関の要因をアセスメント（評価）することは，外部の地域と機関全体との関係性が強まるように，サービスラーニングの経験を組織的に設計する際，その質と整合性との担保を促す。だから，たとえサービスラーニングが個別の教員によって実施されていたとしても，その経験と地域の認識において，大学の事情が効果をもつであろう。たとえば，外部の地域の構成員に接する時や，サービスラーニング活動のなかで生じるような知識の交換に取り組む際に，各々の大学教員や学生は，その大学機関の雰囲気を醸し出しているのだ。これは，公的にも，サービスラーニングやシビックエンゲージメント（市民的社会参画）に強いかかわりをもつ大学機関にはとくに当てはまる。サービスラーニングに固有の大学と地域との出会いは，表向きは個別的で個人的なものなのに，大学機関に対するイメージや世間の認識を置き換えてしまうだろう。加えて，各々の大学教員や学生，科目は，学術的な大学機関の文化のうちに存在せざるをえない。その文化とは，学問の自由と自立を担保しつつ，どんな支援が可能か，どんな支援を受けられそうかを定義づける価値と信念をも作り出すようなものである。アセスメント（評価）の知見によって，内と外との関係性や，文化的な課題に光が当てられ，改善が必要なところを確認できるだろう。

　サービスラーニングをアセスメント（評価）するために，このモデルを作り始めた頃，私たちは学生や，教員，地域への効果の多くが，大学機関の要因に

強く影響を受けているので，大学機関の要因もまた，アセスメント（評価）されるものだということを認識した。プログラムの改善を促す情報の収集を重視することで，大学機関の要因を研究対象に含めざるをえなくなった。簡単にいえば，大学教員や学生，地域への効果をアセスメント（評価）するということに対応するほとんどの要因は，機関や組織の課題に関係している，ということだ。サービスラーニングを改善するのは，機関の課題への理解なくしては困難だろう。換言すれば，機関の要因をアセスメント（評価）するというのは，他の関係者への効果を横断し，また，そのすべてを補完するということである。

▶ 大学機関のサービスラーニングへのかかわりについての理解

　大学機関のアセスメント（評価）の調査計画を立てる前に，サービスラーニングに対する機関の目標と，得られる利益を明確にしておく必要がある。サービスラーニングは複雑で，大学機関の状況と無関係に実施することはできない。『高等教育の市民的責任に関する学長声明』（*Presidents' Declaration on the Civic Responsibility of Higher Education*, Campus Compact, 1999）は，サービスラーニングが大学機関にもたらす利益について議論する初めの段階で，重要な資料となる。この声明では，市民教育への大学のかかわりについて論じた高等教育機関の学長たちがその適切な教授法や学習法のひとつとして，サービスラーニングを展望している。ここでは，どの大学機関にも，市民としての責任を考える必要があるという有益な議論を手掛けている。大学機関のアセスメント（評価）を開発しようとする大学にとって，とりわけ価値があるのは，ここには，市民としての責任に関する大学の活動と構造をアセスメント（評価）するための議論の指針が含まれている，ということだ。これは，サービスラーニング・プログラムに対するビジョンや目標に対する同意を広める助けになる。そしてこれらの目標が，大学機関への効果を測るアセスメント（評価）計画の基礎となるのだ。

　最近の関連する文献での議論は，大学機関の状況が，サービスラーニングの射程や規模，形態において，とても重要な役割を果たしているという点に光を

当てている。それは，大学機関への効果と要因をアセスメント（評価）することが，サービスラーニングの取組みを改善していくためのアセスメント（評価）には，不可欠であるということも表している (Bringle & Hatcher, 2000; Bucco & Busch, 1996; Holland, 1997; Rubin, 1996; Ward, 1996)。サービスラーニング・プログラムを計画，実施，持続させていくためには，以下の幅広い要因への機関での理解が共有されていることが，ほぼ一般的なこととなっている。

- 大学の使命
- 大学の文化／伝統
- 政治／ガバナンス環境
- 財政状況
- 大学機関の歴史，大学の自己イメージ，他大学に対する感情
- 一般のイメージ／評判
- 学生の特徴／目標
- 地域の状況／ニーズ／強み

同じ著者たちからなる研究グループによる成果を，より詳しくみてみると，いくつかの共通点が浮かび上がる。より取り上げられているのは，以下の組織的要因が，サービスラーニング・プログラムの形式や効果に，劇的な影響を与えるというものだ。

- 貢献活動のための基盤
- 教員の職能開発への投資
- 地域社会への参加
- 大学の方針と報奨制度
- 評価への関与
- 正課とそれに併行して行われる教育活動，課外の貢献活動（教学部門と学生部門とのあいだに存在するつながり）
- 関連する既存の戦略的取組み
- 資源配分の選択
- 機関を横断するリーダーシップ
- 学際的活動への支援
- コミュニケーション方略と普及

いかなる大学機関でも，サービスラーニングの機会をつくり始めたり，既存のサービスラーニング科目やプログラムの成果をアセスメント（評価）し始めると，これらの要因をめぐって，大学の解釈，価値観，信念が影響してくる。サービスラーニング・プログラムが，どのように具体化されるのかは，サービスラーニングに対する大学の目標や目的しだいである。見た目では，大学の使命や規模が似たような大学機関を横断的にみたとしても，他よりも，よりたや

すくサービスラーニングを導入しているといったことが起こっている。なぜこのようなことが起こるのか。上に列挙した要因による効果を，各々の大学で調査すると，大学機関をめぐるより深くて基本的な違いが明らかとなる。すなわち，いくつかの大学が，他と比べて，より適切でたやすくサービスラーニングを受け入れたのは，こうした違いからである，といったことだ。

　これらの主な要因に対する大学の解釈の部分は，大学機関の動機を検討することである。なぜサービスラーニングなのか。この活動を取り入れる私たちなりの理由は何か。私たちの目標と希望は何か。機関の動機は，次の3点に要約できよう。

- 自己の利益
- よい市民／よい活動
- 大学の使命への特有の意味づけを体現した学業上の成績を高めること（教員における研究や，学生における学びの新たな方向性）

　ほとんどの大学機関は，これらの3点の均衡を築いている。たとえば，大学教員が学界で行っていることのすべては，自己の利益という要素をもつはずだ。私たちは，時間と労力を無駄にできるほどの資源をもっているわけではない。しかし，自己の利益が全くなしで行動したとしたら，大学は荒廃しているとみなした近隣地区を「浄化」しようと，数街区の不動産を買い上げてしまうかもしれない。そしてその活動を「地域に対する貢献」と呼ぶのだ。そうなれば，大学と地域との連携がうまくいくために不可欠な他の側面との不均衡が生じる。よい活動に純粋に集中してしまったとしても，地域社会に要求陳情の役割を残してしまうきらいがあって，かえって害になることもあるし，特権や階級，社会的責任の課題について，混乱したメッセージを学生に与えてしまいかねない。

　ほとんどの大学機関にとって，大学が教員や学生に提供する特徴的な学習環境や活動環境には，大学の使命が反映されていることをはっきりと打ち出すことで，サービスラーニングという方略を取り入れることが，学生の学びや教員の研究といった学業上の業績を強化するという意味をもってくるのだ。この方略を選ぶことは，自己の利益という要素を反映していることになるだろう。2，3の例を挙げれば，学生の獲得活動や，教員の満足度，資金調達の機会，

一般からのイメージや地域社会との関係，といったことの改善を期待しているのである。サービスラーニングにかかわるということは，その地域におけるよい市民としての大学機関自身の目標設定が求められる。サービスラーニング科目を創り出すような地域社会との連携は，大学の学術的な強みを，共同体や地域が抱える課題やニーズ，機会に，どのように結びつけるのか。こう考えることで，サービスラーニングをはじめ，シビックエンゲージメント（市民的社会参画）や大学と地域との連携についての他の形式に，大学がかかわる程度の違いを理解し，説明することができる。

　大学の使命について，大学機関の自己点検を導くのに使われる枠組みを，第8表に示した (Holland, 1997)。この表は，貢献活動へのかかわりに関連している7つの重要な組織的要因に注意が向けられており，貢献活動やサービスラーニングへのかかわりについて，さまざまな程度を示す特徴が記されている。記されている4つの程度にわたって，よいとか，成功ないし失敗といった判定はない。つまり，かかわりの程度に関して，大学機関ごとに起こりうる違いを測定可能な用語で表現したにすぎない。その意図は，大学機関が，サービスラーニングに対するビジョンと目標を率直に解釈することができ，そして，そのビジョンに組織的な特徴が沿っているかどうかを調べることができる，というものである。言い換えれば，各々個別の大学が，貢献活動へのかかわりというレトリックとリアリティを沿わせることができるということだ。その過程は，プログラムの目標に沿ったかかわりの調整が促進されると，かならず変化が起こる領域を見定めることでもある。

　サービスラーニングといった貢献活動への取組みを実施し，持続させるためには，7つの要因のいずれもが重要である。サービスラーニングという方略を取り入れるという大学機関の目標と志を理解することで，大学という共同体ないしひとつの学部や学科が，これらのプログラムを実行する際，大学機関の状況への効果を理解しながら，プログラムを設計できるようになる。こうした理解を踏まえ，大学機関におけるサービスラーニングの効果を記録するのに，大学機関のこれらの要因などを定期的にアセスメント（評価）する計画を使うことができる。そこには，意図した効果も，意図せざる効果も含まれている。そ

して，この記録は，サービスラーニングの取組みやその基盤となる地域社会との連携を強め，持続するための改善にも使うことができる。

大学機関への効果のためのアセスメント（評価）マトリックス

　本章の初めのほうで，サービスラーニングの目標を，計測可能な指標を開発して，変数や概念に翻訳するための基本的な過程を説明した。第9表は，サービスラーニングと大学機関との間の動的な関係をアセスメント（評価）することに関連した計測可能なキーとなる概念や指標，方法の一例を示したものである。

　上で議論したように，大学の使命と条件の文脈のなかで，サービスラーニングに対する目標と期待を定めることが不可欠であるというのは，よく知られたことだろう。そうしたキーとなる組織的な要因について，概念と指標を選ぶのは，大学機関へのアセスメント（評価）に少なくとも2つの大きな目的があると考えられる。地域的な特性や特定の課題に対するプロジェクトによっては，さらに目的が加えられるだろう。

　まず，概念と指標は，サービスラーニングの取組みに，大学機関の環境を合わせていくことが進捗しているかどうかを追跡するための手段であるはずだ。言い換えれば，この部分に限れば，アセスメント（評価）の取組みは，サービスラーニングを支援するために，組織が変化を求められる領域に焦点が当てられるべきである。効果（あるいは，それが認められないこと）を示すことで，活動を進めるなかで求められるようになる大学機関の環境での新たな，あるいは追加的な変化や改善を見定めるのにも，指標が助けになるはずだ。

　次に，概念と指標は，サービスラーニング・プログラムの目標に関して，学生や教員，地域社会，大学機関をめぐる行動と関係性における変化をとらえるという意図をもって，設計されるべきものである。

地域社会への参画

　地域社会への参画は，地域社会における大学機関の全般的なかかわりをアセスメント（評価）する。サービスラーニングが，大学と地域との間に存在する

他の種類の連携関係における組織的な状況から利益を得るというのはよくあることだ。この項目は，こうした交換関係の状況を探すものである。

教授と学習に関する志向性

教授と学習に関する志向性は，本書の「アセスメント（評価）の原則と方略」の章にある第1表に関連がある。ポートランド州立大学のサービスラーニング・プログラムは，教員や学生にとっての教授と学習の環境を変えようとしたので，これは追跡すべき重要な要因である。教授の方略や学問上の行動計画での貢献活動の役割に対する教員の態度に影響を与えるとみられる活動を，量的質的の両方の側面からみることで測ることができる。

資金の獲得

資金の獲得は，活動と収入の流れとのつながりを検証するという点で，大学機関のかかわりと前進についての重要な試金石である。サービスラーニングと地域社会への参画という課題が，助成金獲得や資金調達の方略にどの程度反映されているのかをみるのが，明確で役に立つ尺度である。もう一方の状況では，かかわりのひとつの手段として，すでにある資源の再配置をみることも重要であろう。

イメージや評判

イメージや評判とは，サービスラーニングや他の参画の取組みを拡大しようとする際，大学にはある程度の自己の利益があると認識されるということである。地域社会や意思決定者の目からみた大学機関へのイメージや評判をサービスラーニングが形成しているというエビデンスは，大学教員の動機づけや，寄付や贈与による支援に，強く影響を与えるだろう。加えて，認証評価のためなど，大学での調査や報告書における貢献活動に関連する課題の存在は，大学がそれを受容し重視している程度を明らかにする。

可視化

大学独自のコミュニケーションや刊行物で，貢献活動が可視化される。それによって，かかわりの深さや広さをうまく測ることができる。サービスラーニングへの支援を明らかに反映した書き言葉やリーダーシップのある行動を通して，認識され称賛される手段だとわかる。

支援的な環境基盤

効果的で持続的なサービスラーニングで，最も重要な要因のひとつは，必要に応じた支援的な環境基盤の存在である。これは，労働集約的で時間のかかる貢献活動を正しく理解し，サービスラーニング科目やそれを支援する連携を持続させ促進するために，不可欠なサービスと政策への機関の投資を査定することである。

すべての段階でのリーダーシップ

組織のすべての段階でのリーダーシップも，サービスラーニングを持続させ拡大させるには不可欠である。サービスを支援する決定や，大学の幹部たちのかかわりや関心の程度を反映した外部での活動や関係性を，内部的にはどのように注目しているのかということをみることで，いくつかの潜在的な尺度が示されるだろう。

このように大学機関の要因は，学生，教員，地域のパートナーの課題や関係性にまたがっている。第9表に挙げたキー概念は，かなり広範だが，指標は，サービスラーニングにかかわる3つの関係者グループの変化や影響を記録しようとする特定の方法を含んでいる。たとえば，地域と機関との接触や，地域での学生のかかわりの変化，教員の優先順位の変化，大学の広報紙による貢献活動の取組みの可視化といったことを追跡するものであった。サービスラーニングに取り組む各々の関係者グループは，それぞれの行動によって，大学機関に影響を与えている。そして逆に，大学機関の行動や政策によっても，影響を受けている。このことは，各々の要因に対して，複数の手段をとることへの根拠を与えるものであり，データ収集のための多面的な視点を与えるものである。

▶ 大学機関への効果をアセスメント（評価）するための方略

第9表では，指標を測るためのデータ収集の方法を示した。大学機関のデータになりそうな潜在的な資料は，機関のデータが公に共有されている環境ならば膨大にあるかもしれない。学生や教員の次元でのアセスメント（評価）の場

合もそうであったように，いくつかのデータを入手することが，アセスメント（評価）するうえでの困難になることがある。重要な要因は，データ収集に大学機関がどれほど注意を払っているのか，ということだろう。小規模な大学機関では，サービスラーニングのアセスメント（評価）に関連したデータを作り出すために，独自にあるいは定期的に研究を行う資源を持ち合わせていないこともあろう。アセスメント（評価）への関心が高まると，データ収集を効率的に行うための新たな方略や能力が創出されるようになる。たとえば，サービスラーニングの受講生が活動する職場では，学生や地域社会からの質問について，簡単な記録をつけておくことなどいとわないはずだ。

　どんな方法を使うにしろ，専門用語とその定義について注意を払うことは，関連するデータの収集を確かなものにするためには，不可欠なことである。サービスラーニング，貢献活動，成果，参画といった言葉への共通理解を生むために，関係者グループが，調査票の設計やその試行に取り組むよう，私たちは，個別にはたらきかけている。たとえば，自分たちの貢献活動について研究しようとする大学教員が行っている質問紙調査の多くは，回収率が低い。それは，いくつかの用語の意味をはっきりさせていないことがあるからだ。

　多様な方法が，このマトリックスでは示されているが，機関におけるアセスメント（評価）のデータを収集する方略は，幅広く多様な人たちと話をするか，既存の情報や刊行物をできる限り利用するか，基本的にはこの2つである。大学機関の要因をアセスメント（評価）する調査者に必ず求められる資質は，創造性と持続性である。貢献活動への大学のかかわりが，多くの方法で認識され，支援され，承認されているということを示すエビデンスを求めるために調査はある。支援や意識の程度は，時間とともに高まっているかそれとも減っているのか。ここでは，アセスメント（評価）計画において，指標に関するデータを生み出すのに役立つ潜在的な資源を，ごく簡単に例示する。

- **広報物**：ニュースレターや同窓会誌，ポスターといったもの。サービスラーニング・プログラムやその成果は，そこで取り上げられているか。
- **年次報告書**：サービスラーニングが大学の使命の一部分として光が当てられているか。サービスラーニングの取組みに関連する贈与や助成金を，大

学機関は呼び込んでいるか。資金調達上の優先順位はどうか。
- ●学生の志望理由書：なぜ，学生はこの大学を選んだのか。貢献活動へのかかわりを理由に挙げているか。
- ●活動記録：大学内の関連する職場に，地域からの引き合いは，増えているか，減っているか。引き合いの目的は何か。
- ●メディアへの掲載：サービスラーニングの連携について取り上げられているか。
- ●大学案内や科目案内：何らかの方法でサービスラーニング科目に光が当てられ，特定されているか。
- ●既存の質問紙調査：機関調査の担当部門は，学生や教員，卒業生に対する質問紙調査に，質問項目を追加するつもりはあるか。
- ●予算概要，予算要求，予算配分：大学機関の予算策定におけるサービスラーニングの扱いはどうか。時とともに，支援基盤への投資はどうなっているか。
- ●インタビュー：入試担当者は，サービスラーニングの機会や，大学機関の貢献活動へのかかわりについて，熱心な入学志願者たちにどのように説明しているか。
- ●政策：昇任や功績，任期解除のための大学教員のポートフォリオに何らかの変化はあったか。サービスラーニングについての情報が含まれているか。その検討の成果は何か。貢献活動に関連した大学教員の職能開発を支援する政策はあるか。科目にサービスラーニングを取り入れた教員に対する報奨はあるか。すぐれた教授法や学業上の成績と同様に，貢献活動に取り組む教員と学生への正しい理解を進める表彰制度があるか。

小　括

　いろいろな意味で，大学機関への効果と要因をアセスメント（評価）することは，サービスラーニングのアセスメント（評価）のうちでも最も重要な要素だろう。なぜなら，大学機関の状況は，教員，学生，地域の認識と行動に，とても強く影響を与えていて，大学機関の環境を理解し観察することは，サービ

スラーニングにまつわる他のすべての側面を前進させるために極めて重要であるからだ。

　サービスラーニングへのかかわりが進んでいる大学機関では，すでにシビックエンゲージメント（市民的社会参画）へのかかわりの程度をアセスメント（評価）するための投資を行い，組織的な構造と政策へのかかわりの位置づけを調べ，組織的な変化へのニーズを特定し，対応している。それ以外の大学機関では，サービスラーニングを始めたばかりで，大学の使命や優先順位，動機，地域との関係についての内部と外部との見解が競合するということに気づいたところだ。そのような環境では，サービスラーニングや他の参画活動が，過小評価されるようになるかもしれず，必要な組織的な変化は，相当な抵抗に直面するかもしれない。

　大学機関の環境をアセスメント（評価）することは，こうした状況に対するひとつの処方箋かもしれない。サービスラーニングのあらゆる次元で，大学機関が分野横断的に影響を与えている。そのことは，機関への効果を説明するための投資を，なくてはならないものにしている。学問的組織は緩く結びついた性質をもっており，学問的文化は証拠重視の志向性をもっている。このことは，高等教育における変化や革新が，調査やアセスメント（評価）を通してエビデンスを生み出す機関の上層部や扇動者の能力に，とても依存しているということを意味している。求められるアセスメント（評価）の方略を実施する際の主な課題は，機関調査やアセスメント（評価）するための能力への投資が，歴史的に不十分であったことである。シビックエンゲージメント（市民的社会参画）やサービスラーニング・プログラムが実施されることが多くなってきて生じている興味深くて思いがけない影響は，アセスメント（評価）のための基盤が求められているということへの機関の気づきが高水準にあるということである。このように，アセスメント（評価）を実施するための機関の能力を測ることは，アセスメント（評価）計画のなかで観察される重大な要因であろうことがわかるだろう。

第8表　大学機関の使命と関連してエビデンスを示すべき組織的な要因からみた貢献活動へのかかわりのレベル

	レベル1 低位の関連	レベル2 中位の関連	レベル3 高位の関連	レベル4 よく統合されている
使命	記述がない。または，未定義の用語説明	貢献活動は，私たちが市民として行っている活動の一部である	貢献活動は，学術的な行動予定の一要素である	貢献活動は，重要で決定的な特徴である
昇進，任期解除，雇用	大学の委員会や学派への貢献活動	地域での貢献活動についての記述。つまり，ボランティア活動や助言がポートフォリオに含まれている	貢献活動を定義し，記録し，報奨するための公式の指針	地域に根差した調査や教授法は，雇用とアセスメント（評価）の重要な基準である
組織構造	貢献活動やボランティア活動に焦点が当てられていない	ボランティア活動を育成するための部門がある	貢献活動を提供するためのさまざまなセンターや研究所が組織されている	教員と学生の幅広い参加を支援する基盤がある
学生の関与とカリキュラム	課外の学生生活活動の一部	ボランティア活動のための組織的な支援	必修外の単位や，インターンシップ，実習の経験，特別なイベントや活動の機会	カリキュラムを横断する特徴をもったサービスラーニングや地域に根差した学習
教員の関与	大学の義務や委員会のものとしてのみ説明される貢献活動，ほとんど学際的な活動がない	善意の助言。承認された地域でのボランティア活動	任期の定めがない上級の教員たちは，地域に根差した調査を続けている。サービスラーニング科目を教えている者もいる	地域の調査や能動的学修に高い優先順位が与えられている。学際的で協働的な活動が奨励されている
地域社会の関与	ランダムで，限定的な個人ないしグループの取組み	学科や専攻のための諮問委員会の地域の代表	活発な連携ないし非常勤でサービスラーニング・プログラムで教えたり，参加したりすることで，地域が大学に影響を与えている	地域に根差した調査や教授法を決めたり，実施したり，評価したりすることに地域がかかわっている
大学広報	地域参画は強調されていない	学生のボランティア活動ないし良い市民として卒業生の物語が載っている	経済的な効果や，大学のセンターや研究所の役割が強調されている	使命におけるキーとしての地域とのつながり。資金調達は，その中心に，社会参画がある

出典）Holland, B. A. (1997). "Analyzing Institutional Commitment to Service." *Michigan Journal of Community Service Learning* 4: 30-41から引用したHolland, B. A. (2001) より。

第9表　大学機関へのアセスメント（評価）マトリックス

何を知りたいのか（概念）	どのようにそれを知ろうとするのか（指標）	どのようにそれを測定するのか（手法）	誰が，あるいは何がデータを提供するのか（情報源）
地域社会への参画	・地域からの支援の要請 ・サービスラーニング科目や地域と家族との連携の数 ・地域での貢献活動における学生団体の活動の水準 ・大学の施設を地域が使用する水準 ・連携イベントへの出席	・活動記録 ・学年暦や大学案内分析 ・助成金分析や報告 ・施設や予算の記録 インタビュー	・大学機関のデータ ・教員 ・大学の執行部，各部門の代表者 ・地域のパートナー
教授と学習に関する志向性	・サービスラーニングを取り入れている教員の数と種類 ・サービスラーニング科目の申請数と認可数 ・教員の職能開発を計画するうえでの焦点と内容 ・貢献活動に対する学科の計画と予算 ・教員の貢献活動に関連する出版数	・教員活動の質問紙調査 ・学年暦や大学案内分析 ・学科主任らへのインタビュー ・決算報告分析 ・職務経歴書分析	・大学機関のデータ ・教員 ・大学の執行部，各部門の代表者
資金の獲得	・地域の構成団体とともに活動するプロジェクトが助成金を申請した数および採択された数 ・貢献活動関連の要求が開発や資金調達に含まれていること ・貢献活動に関連した寄付金を受ける水準 ・サービスラーニングに関連した基金や他の人から表彰や助成金を受けること	・助成金分析 ・広報物分析 ・寄付の記録 ・活動記録	・大学機関のデータ ・教員 ・大学の執行部，各部門の代表者
イメージや評判	・マスコミ報道（大学，地域，地方，国） ・他大学のチームや専門家たちの現地視察 ・会議や広報物での表現 ・新たな教職員志願者の質と多様性 ・現場チームによる自己調査と自己批判を通した認証評価	・新聞の切り抜きやビデオ報告 ・活動記録 ・人事の記録 ・広報物分析 ・インタビュー	・大学機関のデータ ・教員 ・大学の執行部，各部門の代表者 ・地域のパートナー
可視化	・大学の広報物や予定表，ビデオやウェブページの内容 ・教員や学生，職員，地域のパートナーのための表彰の授与 ・職員や経営者，教員，学生によるボランティア活動 ・貢献活動に関連するか，地域を含んだ祝賀イベント	・インタビュー ・質問紙調査 ・広報物分析 ・観察	・大学機関のデータ ・教員／職員 ・地域のパートナー ・学生
支援的な環境基盤	・貢献活動に対する組織的な支援体制 ・基盤整備や教員の動機，職能開発への投資 ・教員向けや学生向けのハンドブックで政策的文脈を伝えること	・組織図 ・決算報告，予算要求 ・文書分析	・大学機関のデータ
すべての段階でのリーダーシップ	・地域，地方，国レベルでの，大学の上層部の役割 ・予算概要ないし講演，自己調査の内容 ・地域のイベントへの告知 ・新たな雇用に関する特徴や資質	・文書分析 ・新聞の切り抜きやビデオ報告 ・インタビュー ・職務経歴書分析	・大学機関のデータ ・教員 ・大学の執行部，各部門の代表者

方略と方法：大学機関

大学機関へのインタビュー ………………… 168

クリティカル・インシデント・レポート ……… 172

大学機関の観察 …………………………… 175

大学機関の刊行物・記録 ………………… 176

G 大学機関へのインタビュー

●目　的
　インタビューすることによって，地域に根差した教育活動の役割について，大学職員や執行部の認識が明らかになる。とくに大学の運営や目標において，地域との連携の効果が明らかになる。この方法は，大学と地域との連携や，大学の地域活動を統合する能力に関する大学の理解の程度を見分けるのにも役立つ。

●準　備
　大学機関の執行部の代表は，アセスメント（評価）する活動についての洞察を示せる能力に基づいて決めるのがよい。新任教員は，的を絞った採用戦略の効果をアセスメント（評価）するのと同時に，機関に対する彼らの視点をよりよく理解するために，インタビューを受けてもらう。

　話し手にとって都合のよい場所と時間に，1時間のインタビューを日程調整する。あらかじめ，インタビューの目的を説明しておく。それは，インタビューの時間に先立って，効果の課題について省察する時間が必要だからだ。

●実　施
　インタビューの実施にあたって，すべての調査項目を網羅しながら，一貫していることが求められる。
- 時間どおりに始める
- 自己紹介をし，プロジェクトにおける役割を紹介する
- インタビューの目的を説明する
- 秘密厳守を保証する。率直に話すことが重要であることを強調する
- 記録をとるか，もしくは録音の了承を得る

　以下の部門は，有力なインタビュー先である。その部門の代表者には，大学の地域に根差した教育の役割と効果についての意見を聞くことができるだろう。

- 教学部門
- 同窓会部門
- 入試部門
- 学習相談部門
- 教職員の職能開発部門
- 基金部門
- 助成金と契約部門
- 健康サービス部門
- 機関調査部門
- 学生サービス部門
- 教授法および学習法の研究開発部門
- 学士課程教育担当の管理者（一般教育部門）

●分　析

　メモまたは録音を速やかに書き起こす。キーワードや主題を書き起こしたなかからコード化する。コード化したキーワードや主題を傾向別に整理して，調査項目を比較する。

≫ 大学機関へのインタビューの手順書：大学の各部門の代表者 ≪

（インタビューの状況を説明する導入を行ってから，以下の手順に入る。）
1. 大学の使命と学術的な環境について，どのように理解していますか。それをどのように将来の学生やスタッフ，教員に説明しますか。
2. 地域と大学とのやりとりにかかわっていますか。かかわっているなら，どのように，また，なぜ，かかわっているのでしょうか。
3. 地域での貢献活動は，業務上の活動か個人的な活動か，どの部分を占めていますか。活動と関与の理由を説明してください。
4. 大学における「学生の経験」について，顕著な特徴は何でしょうか。
5. サービスラーニングや地域に根差した学びの要素を含んだ大学の科目があることを知っていますか。知っているなら，それらについて知っていること，そのことをどのように聞いたのでしょうか。
6. 将来の学生，職員，教員に，大学がサービスラーニング科目を提供したり，地域との連携に取り組むことを伝えますか。またそうするのはなぜでしょうか。
7. 地域と大学との連携は，大学機関のイメージにどんな影響があると思いますか。どのようにそれを知ることができるのでしょうか。
8. 大学は，より多くのサービスラーニング科目を導入すべきでしょうか。また，サービスラーニングを学生の学びの経験の中核をなすものにすべきと思いますか。
9. 本日，他に何か伝えたいことはありますか。

ありがとうございました。

≫ 大学機関へのインタビューの手順書：新任教員 ≪

（インタビューの状況を説明する導入を行ってから，以下の手順に入る。）

1. あなたの採用の過程で，大学と地域との連携のことは説明されましたか。どのように説明を受けましたか。
2. 大学のサービスラーニング科目や地域に根差した学びを含む科目について，聞いたことがありますか。どのように説明されましたか。このような科目を担当することに関心はありますか。
3. この大学での昇任や任期解除の指針を見たことがありますか。
4. この大学の何が魅力的だったのでしょうか。
5. この大学での仕事の目標は何ですか。
6. 本日，他に何か伝えたいことはありますか。

ありがとうございました。

G クリティカル・インシデント・レポート（重要な出来事の報告書）

●目　的

　クリティカル・インシデント・レポートを完成させることで，プログラムや計画期間中に発生した鍵となる事態や結果を確認する機会となる。このレポートでは，きわめて省察的で，想定したことも，想定しなかったことも含めて，プログラムに与えた肯定的，否定的な影響について，主だった出来事が回顧的に検討される。

　クリティカル・インシデント・レポートは，他のデータ収集の方法を補完し，プログラム開発の課題が，成果にどのように影響を与えたのかを概観することができる。それらは，日報よりも広い視点から，時間の経過とともに，プログラムの実施に取り組んだ過程を記録するのにも役立つ。

●実　施

　プログラムに深くかかわり，クリティカル・インシデント（重要な出来事）が何なのかがわかるような経験と洞察をもっている人物を特定する。たとえば，サービスラーニングの実行を主な方略に取り入れている機関なら，教学担当副学長や，教授法および学習法の研究開発部門のサービスラーニング・プログラム担当の教学責任者，といった人物に，クリティカル・インシデント・レポートを作成してもらうよう依頼することになるだろう。

　レポートを作成する際の方針は，できるだけ具体的であることであり，振り返ってみて，明らかに，

- 目標を達成するための活動が加速された主な出来事
- 目標を達成しようとする時に制約となった主な出来事
- 組織が制約を克服することができるようになった主な出来事

の記録を含めるべきである。

　クリティカル・インシデントには，次のようなものが含まれるだろう。サービスラーニングに関する機関の政策の導入，助成金の採択を得られたか否か，

キーとなるスタッフの採用や解雇，事務所の物理的な移転，教員の昇任や任期解除のための新しい基準，受け取った認証評価報告書，などである。

● 準　備

クリティカル・インシデント（重要な出来事）を表すのに最も便利な様式は，以下の3列からなる表に組むことである。
1. 具体的ないし月レベルの日付で時系列順に記す
2. 出来事の概要
3. なぜ重要なのか

一例を以下に示す。

● クリティカル・インシデント・レポートの例

日付	概要	なぜ重要なのか
2000年6月	昇任と任期解除の新しい基準が承認された	この基準では，シビックエンゲージメント（市民的社会参画）に関する機関のかかわりの一環として，貢献活動における学問的な価値が認められた。サービスラーニングと昇任や任期解除との明確なつながりが，私たちの政策となったことで，教員がサービスラーニングに参加することを促進するのに役立った。
2000年9月	18万ドルの助成金がCivic Foundationから授与された	この助成金は，教員の職能開発プログラムを支援した。つまり，サービスラーニング科目の開発や，会議に出席するための旅費に充当された。
2000年10月	地方認証評価機関から，認証評価報告書を受け取った	サービスラーニング活動の効果を記録することが不十分であるという具体的な指摘を含め，アセスメント（評価）のデータが重大に不足していることを報告している。教学担当副学長は，とても不満で，アセスメント（評価）のための新たなタスクフォースを設置し，これに対応するように指示した。

● 分　析

プログラムの発展に関する自身の視点をもっている複数の人から，クリティカル・インシデント・レポートを収集できることはとても有益である。キーとなる資料提供者たちの視点から，全体的な視点を見出すために，ひとつの年表にまとめることができる。これができたら，個人が特定されるのを避けるため

の配慮を行う必要がある。とはいえ，その要点は，合意を得ることではなく，むしろ，出来事における豊富な見解を得ることである。同じ出来事において，異なる意見が示された場合には，年表にそれぞれ併記しておく。

　クリティカル・インシデント・レポートが統合されたら，主な知見を記録して，指標や概念に基づいた枠組みに表そう。場合によっては，表やマトリックスを作ってみるのも助けになることがある。これは，さまざまな資料の検討を通して，考察を進める助けになるし，キー概念や指標からの焦点がぶれないように保つのにも助けになるだろう。

　この枠組みは，知見のなかから傾向を探すために見直されることもある。また，これらの傾向は，他の方法から得られた他の知見と比較することもできる。知見を省察するために短い文章を書こう。そして，全体報告のなかにその文章を統合しよう。なお，注意が必要なのは，この方法は他の知見を補完することが期待されるものであって，単体のデータ収集方法としては用いるべきではない。

大学機関の観察

　制度化と持続性を担保するのは，大学と地域社会との間に，どれだけの互恵とやりとりがなされているかである。大学でのイベント，公共のイベント，そして大学や地域の諮問委員会の会合を観察することによって明らかになることもある。観察を設計するための基礎として役立つと思われるのは，以下のような質問である。

- 誰が学内外で開催される公的なイベントに参加しているか。
- 地域のリーダーは大学のイベントに招かれ，出席しているか。
- 誰が諮問委員を務めているか，どのくらいの頻度で会議があるか，それらの任務は何か。
- 大学の活動や空間管理は，大学における地域社会の存在を示す機会を提供しているか。
- 大学機関は，主な公的な地域のイベントに顔を連ねているか，または，かかわっているか。
- 主な公的な地域のイベントへの参加を，どのように支援しているか。

　より詳細な観察の方法は，授業観察（p.101）や，地域における観察（p.138）を参照されたい。また，独自のアセスメント（評価）の目標や機関の状況や力学を考慮して，これらの方法を適用すればよい。

G 大学機関の刊行物・記録

●素　材

地域に根差した教育の効果への理解を深めるための分析に資する刊行物・記録は，多くの機関で利用できる。それらの作品や記録には，以下のようなものが含まれる。

- 寄付の記録
- 新聞記事やテレビスポットなど，機関のメディアでの露出
- 学生の表彰
- ワークショップやセミナーなど，教員の職能開発イベントからの出席記録
- 教員の業績やカリキュラムの変化などを説明する学内広報誌
- 学生の退学／残留に関するデータ
- 入試データ
- 卒業生調査のデータ
- 昇任と任期解除の指針
- 科目の予定や目録
- プログラムの説明
- ウェブページ
- 採用情報
- 年次報告書
- 戦略的計画と予算の記録
- 学長や教学担当副学長の講演
- 寄付者や卒業生向け広報

●分　析

作品や記録を分析する際には，前もって，アセスメント（評価）マトリックスから何を指標とするのかを決めてから，これらの資料を探すようにする。通常，サービスラーニングや，地域と大学との連携やシビックエンゲージメント

(市民的社会参画）活動の他の形態は，刊行物や学内外の広報物のなかで強調されている。教員や学生，地域とのやりとりを示す記事は，持続性にとって不可欠な，中心性とかかわりの程度を示唆する。プログラムの説明や，科目の説明，大学案内や教育課程の内容を示す文書もまた，サービスラーニング科目の可能性や有効性への考慮が払われているかどうかを，明らかにするだろう。

既存の調査を使ううえでの特記事項としては，機関のデータの報告や調査の知見は，貢献活動への教員や学生，卒業生の取組みを量的に示すエビデンスとして有用な資料である，ということだ。

たいていの機関は，在学生や卒業生などに対して定期的にパネル調査を実施している。そこに，サービスラーニングや社会参画に関するいくつかの設問を含めてもらえるように交渉するというのは妙案である。これによって，個人における長期的効果を測るのに役立てられる量的なデータを，定期的に収集できるようになる。

方法と分析

　大学教員や学生，機関，地域社会に対するアセスメント（評価）手段の例を示してきた先の章では，その手段を実行したり分析したりする際の，ごく簡潔な提案や指針を，それぞれの手段のところで示してきた。アセスメント（評価）に責任を負っている多くの人たちは，量的・質的調査手法や分析技法についての知識が限られていたり，時代遅れであったりすることもあるということを，私たちは学んでいる（統計学の科目をとったことがあるなら，それを習得するのがどれだけ大変だったか，そして，あっという間に，それらのすべてを忘れてしまっていることを思い出してみるといい）。実行したり継続したりすることが難しそうにみえたり，報告書を解釈しなければならない人たちが困惑や困難に直面するような調査結果を提示したりするようなアセスメント（評価）の方略は，手段の未熟な使用や不十分な分析に由来していることが多い。多くのアセスメント（評価）リーダーたちは，関心と情熱のために，こうした役割を引き受けている。しかし，高い技術的専門性をもっていたり，より高い技能をもっている人へのアクセスを，必ずしも備えているとはいえない。

　したがって，方法と分析についての本章では，とりわけ，高等教育におけるアセスメント（評価）プログラムに共通して用いられる，さまざまな手段の設計，使用，分析について，より深く詳細な指針を提供することにしたい。主な方法ごとに，定義や共通した使用方法，質問，構造，形式についての要点を示して，

注：本章は，もともと，Gelmon, S. B. & Connell, A. (2000). *Program Evaluation Principles and Practices: A Handbook for Northwest Health Foundation Grantees*. Portland: Northwest Health Foundation. に掲載されている。本書への転載を許諾いただいた同財団に，記して謝意を表したい。

実行したり分析したりする際の提案を付すことにする。とはいえ，それぞれの方法論について，れっきとした教科書が，書かれているのだから，いうまでもなく，この附章をもってしても，これらの方法論について知りうることすべてを網羅することはできない。筆者らは，より詳細なこれらのガイドラインが，アセスメント（評価）リーダーがもつより多くの目的に資するものであることを願っており，方法や分析についてのさらなる指針や研究のために，読者が文献リストを参考することを願っている。

質問紙調査

調査の例は，前出の学生，大学教員，地域の章に，収められている。

質問紙調査とは何か
- 典型的な自記式調査票。
- 複数回答もしくは短答式。
- 主に実証的ないし量的な情報を得るためのもの。
- 被験者は，無作為に選ばれているか（たとえば，ある日，ある事務所に訪ねてきた人だれでも），悉皆調査か（たとえば，サービスラーニングの受講生全員）。
- 大きな集団のサンプル調査を実施する場合には，研究しようとする全体を被験者が代表しているかどうか。

なぜ，あるいは，どんな時に，質問紙調査を用いるのか
- プログラムや活動，科目の効果をアセスメント（評価）するため。
- （学生や地域のパートナーなどの）顧客やクライアントの満足度をアセスメント（評価）するため。
- 時間や場所を超えて，知見を比較するため。
- より大きな集団に，結果を一般化するため。
- 迅速に低コストで，多くの被験者を確保するため。
- （個人的なものと比較して）一般的な反応が，妥当かどうか。

質問の種類
- 選択肢:被験者が自身に当てはまる答えを選ぶ。
- 質や量,度合いに関する尺度(たとえば,とても満足,満足,どちらともいえない,不満,とても不満,といった5階尺度,など):学生の満足度や主張に対する賛同の程度,サービスの質など。
- 頻度尺度:出来事や活動の回数。
- 「あなたならどうする」:(子どもたちとうまくやるためにはどうしたらいいか,といった)架空のシナリオを提示し,被験者が自分に関係しているものを指してもらう。
- 順位づけ:選好を位置づける(たとえば,いちばん好きが「1」で,その次に好きが「2」で,といった具合に)。
- 被験者の属性:年齢階級,性別,民族,教育水準,所得水準,など。
- 最後の設問:「ほかに,何かおっしゃりたいことはありませんか。」
- 被験者が特定の回答を示すような,いかなる誘導尋問もないように確認する。
- 被験者の言語や文化に立脚した質問になっているかを確認する(適切な識字水準,あるいは専門用語の洗練の程度)。

様 式
- 導入:調査票に答え終わるまでに必要な時間,研究成果を何のために使うのか,被験者に完答してもらわなければならない理由,それがなぜ重要なのかを伝える。
- 被験者が取り組みやすい設問から始める。
- 項目の円滑な流れ,論理的に順序立てて質問を配列する。
- デリケートな設問をだんだんと増やす。
- 調査票の節ごとに,そのねらいをはっきりさせるように,「次の設問では,あなたが過去に行ったことのあるボランティアサービスについて,お尋ねします」といった,移り変わりを示す文章を入れる。
- 限定設問:前の問いに対する回答によっては,無関係になる問いを,いつ,どうやって,被験者は,飛ばせばよいのかを明示しておく。

- 結語：調査票を，いつまでに，どこに返却すればよいかの説明し，謝辞を述べる。

その研究や被験者の役割についての情報を提供する添え状
- 目的，人々にとっての利益。
- だれがその研究をしているのか，だれがその研究を資金的に支えているのか，だれに連絡を取ればいいのか。
- 被験者に重要であると感じさせること。
- 機密性や匿名性が確保されていること。
- いつ，どのように，調査結果が示されるのか。
- 謝辞。
- 質問があれば，だれに連絡を取ればいいのか（電話番号や電子メール）。
- 署名（名前と職名を示すこと）。

調査の実施
- 調査対象集団に対して調査を実施する前に，以下の共通した諸問題を解決しておくべく，少なくとも10人には，予備調査を実施しておく。
  - 言葉づかいの混乱，ないし，隠語の使用
  - 言葉の意味の統一
  - 複数回答や順位づけの質問に示される適切な回答選択肢
  - ダブルバーレル質問の除去（たとえば，「あなたが修得した教育プログラムとサービスラーニング科目の量について，どの程度満足していますか。」といった質問）
- 評価者が口頭で調査を実施するなら，質問文と回答選択肢を，書かれている通りに正確に読んで，ほとんどあるいはまったく説明や解釈を与えないようにすべきである。
- たとえば，子どもや精神的な病にある人たちといった集団に対しては，次のようなことを気にとめておかねばならない。すなわち，調査票を読み上げて実施してもよいが，回答は，一人ひとりの被験者が自分自身で調査票に記入

するなど，同じ方法で実施するようにしなければならない．

最善の反応を得るために

- 目を引くように，色付きの紙を用いること（手紙の場合には，うすい青や黄色がいい．何か行事の場合には，調査票に気づいてもらって，容易にそれとわかるようにするには，鮮やかな色を用いるのがいい）．
- （封筒に切手を貼らなければ経費を節減できるが，）住所を書いて，切手を貼った返信用封筒を，同封しておくこと．
- （大量印刷ではないようにみせるために，万年筆を使って，）直筆の署名を入れた個人の添え状を付すこと．
- 調査票の長さが短いこと．
- 機密性や匿名性を約束すること．
- 事前通告：被験者に調査票が届くことと，それがいつなのかということを知らせること．
- （郵便料金が安くなる非営利組織のステータス*であれば，第3種郵便で送って，経費を節減できるけれども，）第1種郵便で送ること．
- （金銭，もしくはその他）報奨を用意しておくこと．

データの取り扱い，分析

- あなたのまわりに統計分析の専門的能力を有するスタッフがいるか，あるいは，そうした技能を有している誰かとあなたが契約しているか，を確かめる．
- 各々の回収票には，通し番号を打つのがよい．

---

* （訳注）米国の郵便制度では，大量差出郵便（第3種郵便 Third Class Mail，現在は，Standard Mail と呼ばれる）において非営利組織に対する割引制度がある．
米国郵便公社（United States Postal Service: USPS）から，非営利組織割引料金の適用認可を受け，わずかな年間登録料を支払えば，定期刊行物でなくても，催事の案内，寄付の呼びかけ，活動報告書などを，安価（Standard Mail の通常料金の約6割）で発送することができる．
なお，第1種郵便 First Class Mail（日本の「第一種郵便物」の「通常発送」に相当）は，米国内で通常1-3日程度で送達されるが，Standard Mail は，米国内で通常5-8日程度を要する．

質問紙調査　183

- 分析を容易にするため，個別的な反応は，番号でコード化されるべきだ。コード体系は，いずれの被験者にも一貫して，同一である必要がある。
- 量的データは，単純集計などは Microsoft Excel，さらに詳しい分析は SPSS といったコンピュータソフトウェアを使って分析できる。
- 質的データは，何かキーテーマを見出すために，要約したり，見直しをすべきである。
- アセスメント（評価）マトリックスに見出される指標やキー概念にしたがって，知見を報告する表（量的データ）や文章（量的，質的とも）を準備する。
- 頻度や平均，最頻値といった記述統計量は，簡単に取得できる。それらは，学生や教員のグループ，パートナー団体，プログラムの活用度の特徴を記述するのに役立つ。
- 標準偏差は，異なる教え方や表出される態度の変化，介入による行動の変化などの反応のように，項目間の違いをアセスメント（評価）するのに役立つ。
- 専攻や学問領域が異なる学生間での教育プログラムに対する満足度の違いといったように，クロス集計表の作成あるいは相関は，異なるグループやカテゴリーによる頻度の違いをみることができる。
- カイ二乗は，たとえば，地理的分布やエスニシティの違いなど，グループ間の属性データを関連づけるのに役立つ手法である。
- 因子分析は，項目を，長大な一覧から，密接に関連している項目をカテゴリーに減らしていくものであり，次の分析のために役に立つ。たとえば，何十もの社会文化的な信条に関する主張に関する長大な一覧を要約して，少数のテーマに凝縮するといったことを含んでいる。
- 分散分析は，分けられたグループ内やクループ間におけるばらつきの存在を見出すのに役立つ。グループ分けの方法は，各々の単一の項目をもとにしたり，あるいは，因子分析を通して導出される項目のグループをもとにしたりする。標準偏差やクロス集計表の作成，カイ二乗といったものと同様，多くの被験者がいる場合に使える，より精緻な方法である。

▶ インタビュー

インタビューの手順は，前出の学生，大学教員，地域のパートナー，機関の代表者（管理者と新任教員の両方）に関する章で紹介した。

インタビューとは何か
- 評価者や調査者が，大学の管理者，パートナー団体の職員や理事会メンバー，学生，大学教員など，話し手（被験者）に個別に会って，およそ1時間程度，一対一のやりとりを行うもの。
- 情報を収集するために，半構造化の方法をとる。
- 主に質的な情報が得られる。
- ひとりが，会話を録音しながら実施するのがよい。理想的には，録音が聞きとれない場合に備えて，もう一人が記録者として参加することが望ましい。
- 会話が弾み，話し手に恐怖感を与えないような，そして，聞き手と話し手との間に，心地よさを作り出すような場所が確保できる形式と環境を与えることに注意が必要である。それゆえ，服装や身ぶりにも注意を払わなければならない。

なぜ，あるいは，どんな時に，インタビューを用いるのか
- プログラムや活動の有効性をアセスメント（評価）するため。
- 学生，大学教員，地域のパートナーといった関係者が，プログラムや活動に満足しているかをアセスメント（評価）するため。
- プログラムや活動の効果をアセスメント（評価）するため。
- 個人の見解や見識に基づいた情報を得るため。
- 個人を観察し，じかにコミュニケーションをとることで，その評価のためにより多くの寄与が見込まれる場合。

導入の様式
- 研究の目的。

- 研究におけるあなたの役割。
- 状況をきちんと説明したうえで，インタビューに参加する同意を得ること。
- 機密性が守られることを確信させること。
- インタビューの長さが適切であること。
- 録音する場合には，許可を得ること。録音データは，文字起こし作成のためだけに使用することを説明すること。
- 混乱を与えるかもしれない言葉づかいや略称，隠語を，はっきりと説明しておくこと。
- 評価やプログラムに関係する個人や組織，機関といった主体とのいかなる関係性をも危険にさらすことのないように，どんな質問においても答えないでおくことができる，と話し手に知らせておくこと。

質問の様式
- 自由回答。
- たとえば，「あなたの言葉で，私に……について話してください」あるいは「あなたの意見では……」といった具合に，個人的な見解に探りを入れること。
- インタビューの質問と適切な回答は，個人的な経験に関連しているはずだということ。
- 与えられた時間内に，すべての質問を網羅できるように，各々の質問におおよその時間配分をしておくこと。
- 「ありがとうございます」と言って終了し，文字起こしを提供するかどうかを言っておくこと。

データの取り扱い，分析
- 各々のインタビューが終わったらすぐに，ノートや録音を文字に起こす。
- 何度か文字起こしを読み返し，キーワードやテーマをコード化する。
- テーマを分類するのに蛍光ペンを使ったり，電子版で切り貼りしたり，その情報に精通するようになるのに役立ついちばんよい方法で，キーワードやテーマをパターンに構造化する。

- 指標やキー概念とこれらのパターンを比較する。
- 知見を省察するべく，説明文を書く。

▶ フォーカスグループ

　フォーカスグループの手順は，前出の学生や地域のパートナーの章でもふれている。たくさんの大学教員が同じような活動に参加した場合には，大学教員に対しても，フォーカスグループを実施することが可能である。同様に，アセスメント（評価）データの収集に，グループ討論が最も効果を上げるものであるなら，機関の管理者に対しても実施することが可能である。

フォーカスグループとは何か
- 非公式な小さなグループ討論。
- 深くて，質的な情報を得る。
- 所定の手順に従って，モデレーターやファシリテーターによって，進められる。
- 参加者は，何らかの共通性に基づいて選ばれている。

なぜ，あるいは，どんな時に，フォーカスグループを用いるのか
- プログラムや活動へのより深い理解を発展させるため。
- キーとなる情報提供者のグループによる視点から，新たなアイデアを探るため。
- あまり考えられていなかった課題を取り上げて，議論する場をつくるため。
- 参加者どうしの相互作用的な議論を発生させるため。

フォーカスグループの特徴
- 各々のグループは，参加者どうしのやりとりを促進するために，6-10人ぐらいの少人数にしておく。
- 各々のセッションは，ふつう，1時間から1時間半続く。
- 会話は，ごく3つから5つの関連する話題に制限する。たとえば，サービス

ラーニングに関する経験や，地域社会での活動に由来する変化，サービスラーニングに取り組む制約，などである．
- モデレーターは，参加者が会話に集中し続けるように，主な話題を概略した原稿をもっている．また，会話には参加しないし，どんな意見も説明しない．
- ひとりの中立的な立場の人が，録音しながら，会話を促すのがよい．理想的には，録音が聞きとれない場合に備えて，もうひとりが記録者として参加することが望ましい．
- フォーカスグループが実施される場所には，注意を払う必要がある．すなわち，会話が弾み，被験者に恐怖心を与えないような，そして，ファシリテーターと被験者との間に，心地よさを作り出すような場所が確保できる形式と環境であることに注意が必要である．それゆえ，服装や身ぶりにも注意を払わなければならない．

導入の様式
- フォーカスグループの目的．つまり，あなたが知りたいこと．
- フォーカスグループがどのように作用するのか．つまり，双方向で，会話的で，誰もが参加して，述べられたすべての意見が奨励される．賛成や正しくない，間違っているといった答えに，必ずしもたどり着く必要はない．
- モデレーターの役割（促すことはあっても，議論はしない）．
- 討論は録音されていて，それがどのように使われるのかを，参加者に知らせる．つまり，文字起こしのなかでは，氏名がわからないようにすること，文字起こしも評価者によってのみ見られるということを示しておく．
- 機密性が守られることを確信させること．
- 参加者には，大きな声で，はっきりと，1回の発言ではひとつのことだけを話すように，と要請しておくこと．

質問の様式
- 厳密に定義された質問に，会話を集中させること．
- 質問は，インタビューに用いられるものととてもよく似ていることが多い．

ひとりの人が答えるというより，グループが答えるという認識をもっておく。
- 参加者を取り込むような簡単な自由回答の質問。
- 討論の過程が進むにつれて，質問がだんだんと特定の事柄になっていくようにすべきである。
- ファシリテーターが望ましい情報を引き出すのに役立つ手順として，追加的な追跡調査や探りを入れるような質問を含めること。
- すべての質問を網羅できるように，各々の質問におおよその時間配分をしておくこと。
- 最後の質問は，「共有しておきたい何かほかのコメントはありませんか」とする。
- 「ありがとうございます」と言って終了し，文字起こしを提供するかどうかを言っておくこと。

フォーカスグループの参加者
- 自分が必要なのは，誰の視点なのかを決める（学生の参加者，大学教員，地域のパートナー団体の経営者，理事会メンバー，大学の管理者，その他の関係者）。
- 異なる標本母集団から，同じ討論には招くべきではない。お互いのコメントを妨げたり，ゆがめたりするおそれがあるからだ。
- クラス名簿や大学教員の一覧，連携先一覧や他のデータベースから，参加者を勧誘することが多い。
- 参加者を選ぶ前に，参加者の候補についてもっとよく知る必要がある時には，スクリーニングのための質問紙調査を実施する。

フォーカスグループの実施
- 質問の順序は，柔軟に対応すべきである。質問の一覧表では，もっと後のほうに出てくる質問を，参加者が早めに持ち出してきたら，最小限の誘導で，自然とその会話が起きるようにする。
- 参加者の反応が，ファシリテーターの属性によって偏ることのないように，注意深くファシリテーターを選ぶ。

- 大学の管理者や大学院生，アセスメント（評価）を専門とする大学教員といった内勤のスタッフは，プログラムの中身のことはよく知っている。しかし，ファシリテーターの経験が少ないのに，ファシリテーターとなる場合には，バイアスを誘発させるおそれがある。
- 専門的なモデレーターは，お金がかかるおそれがある。しかし，多くの経験があって，客観性のために求められる参加者との感情的な距離をもっている。大学には，フォーカスグループでのファシリテーターの経験をもっていて，時間をささげてくれる個人がたくさんいるだろう。
- 外部の専門家を使う場合には，とりわけそうだが，検討されているプログラムやアイデアについての説明と自分たちのニーズが何なのかについて，ファシリテーターには，はっきりと意思を伝える。こうすることで，ファシリテーターは，意図せざるコメントに対して，取り上げたり無視したりする時宜を知ることができる。
- だいたい参加者の都合がいいように，一度に日程調整する。

データの取り扱い，分析
- 討論が終わったらすぐに，フォーカスグループからノートや録音を文字に起こす。フォーカスグループが生み出した豊かで逐語的なデータを忘れないようにする。
- 質問をめぐって述べられたことや質問によって省察されたキー概念も含めて，意味のある細項目にデータを構造化することで記録を分析する。
- 意味のあるフレーズや引用を見出し，データをコード化する。
- テーマを分類するのに蛍光ペンを使ったり，電子版で切り貼りしたり，その情報に精通するようになるのに役立ついちばんよい方法で，キーワードやテーマをパターンに構造化する。
- 細項目内，あるいは細項目間でのパターンを調べる。
- 指標やキー概念とこれらのパターンを比較する。
- 知見を省察するべく，説明文を書く。

▶ 観　察

　大学教員の章で，いくつかの方法が，授業観察のために示されている。また，地域や大学機関の観察に関するところでも，観察の手順が含まれている。

観察とは何か
- 目や耳など，他の感覚も用いた総合的な技術である。
- 標準化された格づけや順位づけを用いて，量的質的な情報を作り出す。
- 「訓練を受けた観察者」を用いる。

なぜ，あるいは，どんな時に，観察を用いるのか
- 活動の過程で見たり聴いたりする必要があるプログラムや活動の特徴をアセスメント（評価）するため。観察できると思われるものの例としては，
  - 地域のパートナー団体での学生による貢献活動の提供
  - 教室環境での大学教員と学生とのやりとりのダイナミクス
  - 地域のパートナーや，施設利用者，学生どうしのやりとり
  - 大学での地域諮問委員会の会議の内容ややりとり

  などがある。
- 活動ややりとり，イベントなどを，じかに観察することによって，プログラムはもとより，あらゆる評価対象についての追加的な洞察を得るため。

観察の特徴
- 訓練を受けた観察者を活用することで，観察者間や時間の経過に左右されない正確さを確保する。
- 特定の性質についての正確なアセスメント（評価）尺度は，各々の得点や格づけを行うために使われる。
- アセスメント（評価）尺度を用いる場合，尺度は3以上7以下の段階にするのがよい。
- 区別が難しいと考えられることは，書き留めておくようにする。

- 観察手順の様式を用いて，観察の記録を進める。
- 観察されている人たちは，手順の内容に気づいていないため，観察者が何を計測しているのかわからない。

データの取り扱い，分析
- 観察が終わったらすぐに，観察手順や記録を再検討する。
- 質問をめぐって述べられたことや質問によって省察されたキー概念も含めて，意味のある細項目にデータを構造化することで記録を分析する。
- テーマを分類するのに蛍光ペンを使ったり，電子版で切り貼りしたり，その情報に精通するようになるのに役立ついちばんよい方法で，キーワードやテーマをパターンに構造化する。
- 細項目内，あるいは細項目間でのパターンを調べる。
- 指標やキー概念による他の知見と，これらのパターンとを比較する。
- 知見を省察するべく，簡単な説明文を書く。また，この説明文を，報告書全体のなかにまとめる。

▶ 刊行物・記録

　大学教員の章で，シラバス分析や職務経歴書分析を含め，いくつかの例は，すでに示した。大学機関のアセスメント（評価）の章でも，刊行物・記録の再検討について，すでに示してきた。

刊行物・記録とは何か
- さまざまな種類の既存の説明文やその他のデータを使う。
- じかに収集した情報ではなく，再検討や分析に利用できる情報（「二次」データ）。
- 説明文のデータは，プログラムやパートナー団体の記録，政策，手続，覚書，プログラムの説明，シラバス，職務経歴書，大学教員の日報，などが含まれる。
- 予算情報，助成金の履歴，サービスの提供や活用の報告，大学教員や連携先のプロフィールなど，といった既存の報告書を使う。

なぜ，あるいは，どんな時に，刊行物・記録を用いるのか
- 歴史的な情報を集めるため。
- サービスラーニング科目を提供し支援するのに関係する過程をアセスメント（評価）するため。
- アセスメント（評価）に関連する他の活動の記録を通して，一次データの解釈を補強するため。

大学の記録のなかで，求められることが多い情報の種類
- 学生，大学教員，連携先，科目の特徴に関する情報。
- サービスラーニング科目の数と特徴。
- サービスラーニングに関係する助成金の獲得数，サービスラーニングに関する大学教員の経験に関連した学術的な研究報告や出版など，成功事例。
- 他のデータを解釈するための文脈を与えてくれる経営的ないし組織的な情報。

潜在的な問題とそれを軽減する方法
[欠損，不完全なデータ]
- そのデータとそれに関連する情報源に戻って（大学教員にインタビューすることなどによって），可能な限り多くのギャップを埋めるようにする（刊行物・記録をもう一度作るのではなく，アセスメント（評価）のためのデータ収集を補強する）。
- 重要な情報が不足している場合には，アセスメント（評価）の一部ないし全部を修正する必要があるかどうかを決定する。
- 欠損データを除外するか，欠損値を「最善の推計値」で補完する。

[要約されていたり，過度に集計された形式でしか，データを利用できない場合]
　（関係する学生の数が，科目ごとではなくて，ディシプリンや専攻，属性などによってまとめられている，など）
- 実行可能な場合は，記録に戻って，必要なデータを再構成する。
- 新たに独自のデータ収集を実施する。

●評価から，利用できない非集計のデータを除外する。

[データの要素が，未知であったり，異なっていたり，定義が変わっている場合]
　（受講要件となるGPAが，2.75から3.00に変化してしまった場合に，学生の学業上のパフォーマンスを計測する，など）
●実行可能な調整を実施し，より比較可能なデータを作成する。
●絶対値よりも，割合の変化に焦点を当てる。
●問題が克服できない場合には，そのようなデータ要素は分析から除外する。

[時間や科目，プログラムを越えてつなげられたデータ]
　（プログラム「A」では，大学の入学年度ごとに学生を追跡しているのに対して，プログラム「B」では，申告された専攻ごとに追跡している，など）
●成果のデータが，評価に対応した特定の個人や作業要素に当てはまるかを確かめる。
●社会保障番号のような同定できるものを使って，特定の個人ないし作業要素を，科目間ないしプログラム間で追跡する。
●さまざまなつづり字やあだ名，別名などを探す（いまでは，「賢い」コンピュータプログラムが，あなたに代わってやってくれるだろう）。
●そのような個人データが本当に必要なのか，あるいは，（科目ごと，などに）集計されたデータが効率的なのか，を決める。

[マル秘やプライバシーへの配慮]
●個人データを必要とする人については，本人から必要な許可を確実に得ておく。
●個人名を記録することは避ける。代わりに，コード番号などを用いる。
●コード番号と個人名とを関連づけるいかなる一覧表も保護する。評価に必要な対応が済んだら，それらを破棄する。
●情報源となる組織から，個人を特定できる内容を削除したデータを入手する。
●適宜，被験者の再確認（あるいはそれと同等のチェック）を実施する。

データの取り扱い，分析
- 刊行物・記録から重要な知見を記録するために，指標やキー概念に基づいた分析枠組みを開発する。表や空欄のマトリックスを作ってみるのが役に立つこともある。それは，さまざまな刊行物・記録を再検討しながら，自身の考えを導いていくのにも，指標やキー概念に焦点を当て続けるのにも役立つだろう。
- 指標やキー概念を省察する知見のパターンを探す。
- 指標やキー概念による他の知見と，これらのパターンとを比較する。
- 知見を省察するべく，簡単な説明文を書く。また，この説明文を，報告書全体のなかにまとめる。

▶ クリティカル・インシデント・レポート（重要な出来事の報告書）

　クリティカル・インシデント・レポート（重要な出来事の報告書）の例は，大学機関の章に収められていて，プログラム管理者に焦点を当てたものだった。また，学生（省察の一様式として）や大学教員が使うこともありうる。

クリティカル・インシデント・レポートとは何か
- 評価のためのプログラムにかかわった各自に求められる省察の文書。
- 積極的あるいは消極的なやり方で，想定されていたか，想定されていなかったかにかかわらず，プログラムに影響を与えた主な出来事の振り返り（省察）。
- 目標達成に向かう活動が，明らかに加速されたのか，あるいは，目標達成に対する障壁が生じたのか，あるいは，障壁を克服することが可能となったのか，といった，今にして思えば重要だった出来事の記録。

なぜ，あるいは，どんな時に，クリティカル・インシデント・レポートを用いるのか
- プログラム開発の課題が，どのように成果に影響を与えるのか，という見通しを示すため。

- （日々の記録というより）長期的経時的な見通しで，プログラム管理にかかわる過程を記録するため。

クリティカル・インシデント・レポートの特徴
- クリティカル・インシデント（重要な出来事）が日付つきで時系列に一覧になっている。それには，その出来事がなぜ「重要」であるのかが記述してある。
- クリティカル・インシデントとは，たとえば，サービスラーニングに適用されている関連する機関の政策，報奨金や助成金，無期雇用や有期雇用といった重要なスタッフのメンバー構成，事務所の物理的な再配置，新しい大学教員の募集と適用される任期解除の基準，受理された認証報告書，などがある。

データの取り扱い，分析
- クリティカル・インシデント・レポートから重要な知見を記録するために，指標やキー概念に基づいた分析枠組みを開発する。表や空欄のマトリックスを作ってみるのが役に立つこともある。それは，さまざまな刊行物・記録を再検討しながら，自身の考えを導いていくのにも，あなたの指標やキー概念に焦点を当て続けるのにも役立つだろう。
- 指標やキー概念を省察する知見のパターンを探す。
- 指標やキー概念による他の知見と，これらのパターンとを比較する。
- 知見を省察するべく，簡単な説明文を書く。また，この説明文を，報告書全体のなかにまとめる。

▶ 日　報

　日報の手順は，大学教員の章に示されている。学生の日報については，通常，サービスラーニング科目における学習方略（ラーニングストラテジー）として，第一義的には意図されているので，ここではふれない。一方で，大学教員の日報をここで取り上げるのは，サービスラーニング科目の過程や活動についての洞察を得るための省察を促す手段として想定しているからである。

日報とは何か
- 個人的な省察と個人による観察。通常はバイアスがかかって記録されている。
- プログラムに関連した情報を与える。それは，プログラムにかかわったキーパーソンの個人的な見通しからアセスメント（評価）されている。

なぜ，あるいは，どんな時に，日報を用いるのか。
- 経時的に，プログラムや個人を記録することで，ちょっとした変化をアセスメント（評価）するため。
- 出来事を省察し，個人的な反応と組織の反応との両方をアセスメント（評価）するように，キーパーソンに奨励するため。

日報の特徴
- 個人的な見解であること。
- 深く省察されていること。
- プログラムでの出来事や，学生や地域社会の活動などとその反応についての一日ごと，あるいは一週間ごとの観察であること。
- 自由記述か，一般的質問に促されて答える形式かであること。

データの取り扱い，分析
- 日報から重要な知見を記録するために，指標やキー概念に基づいた分析枠組みを開発する。表や空欄のマトリックスを作ってみるのが役に立つこともある。それは，さまざまな刊行物・記録を再検討しながら，考えを導いていくのにも，指標やキー概念に焦点を当て続けるのにも役立つだろう。
- 長期間にわたるものであるなら，年代順か，決められた期間の終わりに一度，日報を集める。授業期間中に日報を記録し続ける大学教員のために，授業期間のだいたい半分ぐらいのところで，様子見の意味でも，日報を集めることが望ましいのかもしれない。そして，授業期間が終わったらすぐに，もう一度，集めて回る。
- 各々の日報を読んで，開発した分析枠組みを使って，内容を分析する。

- 指標やキー概念を省察する知見のパターンを探す。テーマを分類するのに蛍光ペンを使ったり，電子版で切り貼りしたり，その情報に精通するようになるのに役立ついちばんよい方法で，それらを記録ないし追跡する。
- 指標やキー概念による他の知見と，これらのパターンとを比較する。
- 知見を省察するべく，簡単な説明文を書く。また，この説明文を，報告書全体のなかにまとめる。

引用・参考文献

本リストに掲載されているインターネット URL は，原書出版時点のものであり，現在は，無効となっているものもあることを，ご容赦願いたい。(訳者)

Alt, M. A. & Medrich, E. A. (1994). "Student Outcomes from Participation in Community Service." Paper prepared for the U.S. Department of Education Office of Research.
Anderson, S. M. (1998). "Service-Learning: A National Strategy for Youth Development." Position paper for Education Policy Task force, Institute for Communication Policy Studies, George Washington University.
Annie E. Casey Foundation. (1999). "Research and Evaluation at the Annie E. Casey Foundation." [available at http://www.aecf.org]
Astin, A. (1993). *Assessment for Excellence*. Phoenix: Oryx Press.
Astin, A. & Gamson, Z. (1983). "Academic Workplace: New Demands, Heightened Tensions." ASHE-ERIC Higher Education Research Report No. 10. Washington, DC: Association for the Study of Higher Education.
Astin, A. W. & Sax, L. (1998). "How Undergraduates Are Affected by Service Participation." *Journal of College Student Development* 39(3) : 251-263.
Astin, A., Vogelgesang, L., Ikeda, E. & Yee, J. (2000). "How Service-learning Affects Students." Los Angeles: University of California, Los Angeles, Higher Education Research Institute.
Barr, R. B. & Tagg, J. (1995). "From Teaching to Learning: A New Paradigm for Undergraduate Education." *Change* 27 (November/December) : 13-25.
Batchelder, T. & Root, S. (1999). "Effects of an Undergraduate Program to Integrate Academic Learning and Service: Cognitive, Prosocial Cognitive, and Identity Outcomes." In Sullivan, M. C., Myers, R. A., Bradfield, C. D. & Street, D. L. (eds.). *Service-learning: Educating Students for Life*. Harrisonburg, VA: James Madison University.
Battistoni, R. M. (1997). Service-Learning as Civic Learning: Lessons We Can Learn from Our Students. In Reeher, G. & Cammarano, J. (eds.). *Education for Citizenship*, p. 31-49. Lanham, MD: Rowman and Littlefield Publishers.
Berson, J. S. & Youkin, W. F. (1998). "Doing Well by Doing Good: A Study of the Effects of a Service-Learning Experience on Student Success." Paper presented at the annual meeting of the American Society of Higher Education, Miami, FL.
Bess, J. (1982). *New Directions for Teaching and Learning: Motivating Professors to Teach Effectively*. San Francisco: Jossey-Bass Inc., Publishers.
Bringle, R. & Hatcher, J. (1995). "A Service-learning Curriculum for Faculty." *Michigan Journal of Community Service Learning* 2: 112-122.
Bringle, R. & Hactcher, J. (1998). "Implementing Service Learning in Higher Education." *Journal of Research and Development in Education* 29(4) : 31-41.
Bringle, R. G. & Hatcher, J. A. (2000). "Institutionalization of Service Learning in Higher

Education." *The Journal of Higher Education* 71(3) : 273-290.

Brookfield, S. D. (1995). *Becoming a Critically Reflective Teacher.* San Francisco: Jossey-Bass Inc., Publishers.

Bucco, D. A. & Busch, J. A. (1996). "Starting a Service-Learning Program." In Jacoby, B. & Associates (eds.). *Service Learning in Higher Education*, p. 231-245. San Francisco: Jossey-Bass Publishers.

Buchanan, R. (1997). "Service-learning Survey Results." Unpublished manuscript, University of Utah, Bennion Community Service Center, Salt Lake City.

Campus Compact. (1999). *Presidents' Fourth of July Declaration on the Civic Responsibility of Higher Education.* Providence, RI: Campus Compact. [Also available at http://www.compact.org]

Campus Compact. (2000). *Introduction to Service-Learning Toolkit: Readings and Resources for Faculty.* Providence, RI: Campus Compact.

Clarke, M. (2000). *Evaluating the Community Impact of Service-learning: The 3-I Model.* Unpublished doctoral dissertation. Nashville: Peabody College of Vanderbilt University.

Connell, J., Kubisch, A., Schorr, L. & Weiss, C. (eds.) (1995). *New Approaches to Evaluating Community Initiatives: Concepts, Methods and Contexts.* Washington, DC: The Aspen Institute.

Creswell, J. W. (1994). *Qualitative and Quantitative Approaches.* Thousand Oaks, CA: Sage Publications.

Cruz, N. I. & Giles, D. E. (2000). "Where's the Community in Service-learning Research?" *Michigan Journal of Community Service Learning* Special Issue on Strategic Directions for Service Learning Research (Fall) : 28-34.

Deci, E. & Ryan, R. (1982). "Intrinsic Motivation to Teach: Possibilities and Obstacles in Our Colleges and Universities." In Bess, J. (ed.) *New Directions for Teaching and Learning: Motivating Professors to Teach Effectively.* San Francisco: Jossey-Bass Inc., Publishers.

Denzin, N. K. & Lincoln, Y. S. (1998a). *Collecting and Interpreting Qualitative Materials.* Thousand Oaks, CA: Sage Publications, Inc.

Denzin, N. K. & Lincoln, Y. S. (eds.) (1998b). *Strategies of Qualitative Inquiry.* Thousand Oaks, CA: Sage Publications, Inc.

Dillman, D. A. (1999). *Mail and Internet Surveys: The Tailored Design Method.* 2nd ed. New York: Free Press.

Driscoll, A. (2000). "Studying Faculty and Service-learning: Directions for Inquiry and Development." *Michigan Journal of Community Service Learning* Special Issue on Strategic Direction for Service Learning Research (Fall) : 35-41.

Driscoll, A., Gelmon, S. B., Holland, B. A., Kerrigan, S., Longley, M. J. & Spring, A. (1997). *Assessing the Impact of Service Learning: A Workbook of Strategies and Methods.* 1st ed. Portland: Center for Academic Excellence, Portland State University.

Driscoll, A., Gelmon, S. B., Holland, B. A., Kerrigan, S., Spring, A., Grosvold, K. & Longley, M. J. (1998). *Assessing the Impact of Service Learning: A Workbook of Strategies and Methods.* 2nd ed. Portland: Portland State University, Center for Academic Excellence.

Driscoll, A., Holland, B. A., Gelmon, S. B. & Kerrigan, S. (1996). "An Assessment Model for Service Learning: Comprehensive Case Studies of Impact on Faculty, Students, Community and Institution." *Michigan Journal of Community Service Learning* 3 (Fall) : 66-71.

Driscoll, A. & Lynton. E. (1999). *Making Outreach Visible: A Guide to Documenting Professional Service and Outreach*. Washington DC: American Association for Higher Education.

Driscoll, A., Strouse, J. & Longley, M. J. (1997). "Changing Roles for Community, Students, and Faculty in Community-Based Learning Courses." *Journal of Higher Education and Lifelong Learning* Special Issue: 33-45.

Ehrlich, T. (2000). *Civic Responsibility and Higher Education*. Phoenix; American Council on Education and Oryx Press.

Eyler, J. (2000). "What Do We Most Need To Know about the Impact of Service-Learning on Student Learning?" *Michigan Journal of Community Service-Learning* Special Issue on Strategic Directions for Service Learning Research (Fall) : 11-17.

Eyler, J. & Giles, D. E. (1994). "The Impact of a College Community Service Laboratory on Students' Personal, Social, and Cognitive Outcomes," *Journal of Adolescence* 17: 327-339.

Eyler, J. & Giles, D. E. (1999). *Where's the Learning in Service-Learning?* San Francisco, CA: Jossey-Bass Inc., Publishers.

Eyler, J., Giles, D. E. & Gray, C. (1999). "At a Glance: Summary and Annotated Bibliography of Recent Service-Learning Research in Higher Education." Minneapolis, MN: Learn & Serve America National Service-Learning Clearinghouse.

Fink, A. (ed.) (1995). *The Survey Kit*. Thousand Oaks, CA: Sage Publications, Inc. Includes 9 volumes (available individually or as a set) :

Vol.1: The Survey Handbook (Arlene Fink).

Vol.2: How to Ask Survey Questions (Arlene Fink).

Vol.3: How to Conduct Self-Administered Mail Surveys (Linda Bourque and Eve Fielder).

Vol.4: How to Conduct Interviews by Telephone and in Person. (James Frey and Sabine Mertens Oishi).

Vol.5: How to Design Surveys (Arlene Fink).

Vol.6: How to Sample in Surveys (Arlene Fink).

Vol.7: How to Measure Survey Reliability and Validity (Mark Litwin).

Vol.8: How to Analyze Survey Data (Arlene Fink).

Vol.9: How to Report on Surveys (Arlene Fink).

Furco, A. (2000). "Self-Assessment Rublic for the Institutionalization of Service-Learning in Higher Education." Berkeley: University of California at Berkeley.

Gelmon, S. B. (1997). "International Improvement: The Deliberate Linkage of Assessment and Accreditation." In *Assessing Impact: Evidence and Action*, Washington, DC: American Association of Higher Education, p. 51-65.

Gelmon, S. B. (2000a). "Challenges in Assessing Service-Learning." *Michigan Journal of*

Community Servicer Learning Special Issue on Strategic Direction for Service Leaning Research (Fall) : 84-90.

Gelmon, S. B. (2000b). "How Do We Know That Our Work Makes A Difference? Assessment Strategies for Service-Learning and Civic Engagement." *Metropolitan Universities* 11 (Fall) : 28-39.

Gelmon, S. B. & Barnett, L., with the CBQIE-HP Technical Assistant Team. (1998). *Community Based Quality Improvement in Education for the Health Professions: Evaluation Report, 1997-1998*. Portland: Portland State University.

Gelmon, S. B. & Connell, A. (2000). *Program Evaluation Principles and Practices: A Handbook for Northwest Health Foundation Grantees*. Portland: Northwest Health Foundation.

Gelmon, S. B., Holland, B. A. & Shinnamon, A. F. (1998). *Health Professions Schools in Service to the Nation: 1996-1998 Final Evaluation Report*. San Francisco: Community-Campus Partnerships for Health, UCSF Center for the Health Professions. [available from http://futurehealth.ucsf.edu/ccph.htm]

Gelmon, S. B., Holland, B. A., Shinnamon, A. F. & Morris, B. A. (1998). "Community-Based Education and Service: The HPSISN Experience." *Journal of Interprofessional Care* 12(3) : 257-272.

Gelmon, S. B., Holland, B. A., Seifer, S. D., Shinnamon, A. F. & Connors, K. (1998). "Community-University Partnership for Mutual Learning." *Michigan Journal of Community Service Learning* 5 (Fall) : 97-107.

Gelmon, S. B., McBride, L. G., Hill, S., Chester, L. & Guernsey, J. (1998). *Evaluation of the Portland Health Communities Initiative 1996-1998*. Portland: Healthy Communities and Portland State University.

Gelmon, S. B., White, A. W., Carlson, L. & Norman, L. (2000). "Making Organizational Change to Achieve Improvement and Interprofessional Learning: Perspectives from Health Professions Educators." *Journal of Interprofessional Care* 14(2) : 131-146.

Giles, D. E. & Eyler, J. (1994). "The Theoretical Roots of Service-Learning in John Dewey: Toward a Theory of Service-Learning." *Michigan Journal of Community Service-Learning* 1: 77-85.

Giles, D. E., Honnet, E. P. & Migliore, S. (eds.) (1991). "Reaserch Agenda for Combining Servie and Learning in the 1990s." Raleigh, NC: National Society of Internships and Experiential Education.

Gilbert, M. K., Holdt, C. & Christopherson, K. (1998). "Letting Feminist Knowledge Serve the City." In Mayberry, M. & Rose, E. (eds.). *Meeting the Challenge: Innovative Feminist Pedagogies in Action*, p. 319-339. Newbury Park, CA: Sage Publishers.

Gray, M. J., Ondaatje, E. H., Geschwind, S., Fricker, R., Goldoman, C., Kaganoff, T., Robyn, A., Sundt, M., Vogelgesang, L. & Klein, S. (1999). *Combining Service and Learning in Higher Education*. Santa Monica, CA: Rand Corporation.

Hammond, C. (1994). "Faculty Motivation and Satisfaction in Michigan Higher Education." *Michigan Journal of Community Learvice Learning* 1 (Fall) : 42-49.

Harkavy, I., Puckett, J. & Romer, D. (2000). "Action Research: Bridging Service and Research." *Michigan Journal of Community Service Learning* Special Issue on Strategic Directions for Service Learning Research (Fall) : 113-118.

Holland, B. A. (1997). "Analyzing Institutional Commitment to Service: A Model of Key Organizational Factors." *Michigan Journal of Community Service Learning* 4: 30-41.

Holland, B. A. (1999a). "Factors and Strategies that Influence Faculty Involvement in Service." *Journal of Public Service and Outreach* 4(1) : 37-44.

Holland, B. A. (1999b). "Implementing Urban Missions Project: 1998-99 Evaluation Report." Washington, DC: Council of Independent Colleges.

Holland, B. A. (2000a). "Evaluation Plan for the PSU Masters in Tribal Administration Program." Unpublished report, Portland State University.

Holland, B. A. (2000b). "The Engaged Institution and Sustainable Partnerships: Key Characteristics and Effective Change Strategies." Presented at HUD Regional Conference, San Diego, December 2000.

Holland, B. A. (2001). "A Comprehensive Model for Assessing Service-Learning and Community-University Partnerships." In Canada, M. & Speck, B. (eds.). *Service Learning: Practical Advice and Models*. San Francisco: Jossey-Bass, Inc., Publishers.

Holland, B. A. (2001). "Implementing Urban Missions Project: An Overview of Lessons Learned." *Metropolitan Universities* 12(3) .

Holland, B. A. & Gelmon, S. B. (1998). "The State of the "Engaged Campus": What Have We Learned About Building and Sustaining University-Community Partnerships?" *AAHE Bulletin* 51 (October) : 3-6.

Hollander, E. & Hartley, M. (2000). "Civic Renewal in Higher Education: The State of the Movement and the Need for a National Network." In Ehrlich, T. (ed.). *Civic Responsibility and Higher Education*, Phoenix: American Council on Education and Oryx Press, p. 345-366.

Honnet, E. P. & Poulsen, S. (1989). "Principles of Good Practice in Combining Service and Learning." Wingspread Special Report. Racine, WI: Johnson Foundation.

Howard, J. P. (1995). Unpublished materials. Ann Arbor: University of Michigan.

Johnson, D. B. (1996). "Implementing a College-Wide Service Learning Initiative: The Faculty Coordinator's Role." *Expanding Boundaries: Serving and Learning*. Washington DC: Corporation for National Service.

Jordan, K. L. (1994). "The Relationship of Service-Learning and College Student Development." Unpublished doctoral dissertation. Blacksburg, VA: Virginia Polytechnic Institute and State University.

Keith, N. Z. (1998). "Community Service for Community-Building: The School-based Service Corps as Border Crossers." *Michigan Journal of Community Service Learning* 5 (Fall) : 86-98.

Kellogg Commission on the Future of State and Land-Grant Institutions (1999). *Returning to Our Roots: The Engaged Institution*. Washington, DC: National Association of State Universities and Land-Grant Colleges.

Knapp, M. L., Bennett, N. M., Plumb, J. D. & Robinson, J. L. (2000). "Community-based

Quality Improvement Education for the Health Professions: Balancing Benefits for Communities and Students." *Journal of Interprofessional Care* 14(2) : 119-130.

Kretzman, J. & McKnight, J. (1993). *Building Communities from the Inside Out: A Path Toward Finding and Mobilizing a Community's Assets.* Chicago, IL: ACTA Publications.

Langley, G. J., Nolan, K. M., Nolan, T. W., Norman, C. L. & Provost, L. P. (1996). *The Improvement Guide.* San Francisco: Jossey-Bass Inc.

Lynton, E. (1995). *Making the Case for Professional Service.* Washington, DC: American Association for Higher Education.

Magruder, J., McManis, M. A. & Young, C. C. (1997). "The Right Idea at the Right Time: Development of a Transformational Assessment Culture." In Gray, P. J. & Banta, T. W. (eds.). *The Campus-Level Impact of Assessment: Progress, Problems, and Possibilities. New Directions for Higher Education* 100 (Winter) : 17-29. San Francisco: Jossey-Bass Inc., Publishers.

McKeachie, W. (1982). "The Rewards of Teaching." In Bess, J. (ed.). *New Directions for Teaching and Learning: Motivating Professors to Teach Effectively.* San Francisco: Jossey-Bass Inc., Publishers.

Miles, M. B. & Huberman, A. M. (1994). *Qualitative Data Analysis.* Thousand Oaks: Sage Publications.

Morgan, D. L. (1993). *Successful Focus Groups.* Newbury Park, CA: Sage Publications, Inc.

Morgan, D. L. (1997). *Focus Groups as Qualitative Research.* Newbury Park, CA: Sage Publications, Inc.

Morgan, D. L. (1998). *The Focus Group Guidebook.* Thousand Oaks: Sage Publications.

Myers-Lipton, S. J. (1996). "Effect of a Comprehensive Service-Learning Program on College Students Level of Modern Racism." *Michigan Journal of Community Service-Learning* 3(1) : 44-54.

Palomba, C. A. (1997). "Assessment at Ball State University." In Peter J. Gray & Trudy W. Banta (eds.). *The Campus-Level Impact of Assessment: Progress, Problems, and Possibilities. New Directions for Higher Education* 100 (Winter) : 31-45. San Francisco: Jossey-Bass Inc., Publishers.

Patton, M. Q. (1997). *Utilization Focused Evaluation: The New Century Edition.* Thousand Oaks, CA: Sage Publications, Inc.

Petersen, A. (1998). *W. K. Kellogg Foundation Evaluation Handbook.* Battle Creek, MI: W. K. Kellogg Foundation.

Peterson, R. A. (2000). *Constructing Effective Questionnaires.* Thousand Oaks, CA: Sage Publications, Inc.

Rameley, J. (1996). *Personal communication.* Portland: Portland State University.

Rice, D. & Stacey, K. (1997). "Small Group Dynamics as a Catalyst for Change: A Faculty Development Model for Academic Service-Learning." *Michigan Journal of Community Service Learning* 4 (Fall) : 57-64.

Robin, S. (1996). "Institutionalizing Service-learning." In Jacoby, B. & Associates (eds.). *Service Learning in Higher Education*, p. 297-316. San Francisco: Jossey-Bass Publishers.

Sax, L. & Astin, A. (1996). "The Impact of College on Post College Involvement in Volunteerism and Community Service." Paper presented at the annual meeting of the Association for Institutional Research, Albuquerque, NM.

Scholtes, P. R. (1997). "Communities as Systems." *Quality Progress* 30: 49-53.

Seifer, S. D. & Maurana, C. A. (2000). "Developing and Sustaining Community-Campus Partnerships: Putting Principles Into Practice." *Partnership Perspectives* 1 (Summer) : 7-11.

Shinnamon, A. F., Gelmon, S. B. & Holland, B. A. (1999). *Methods and Strategies for Assessing Service Learning in the Health Professions*. San Francisco: Community-Campus Partnerships for Health, UCSF Center for the Health Professions. [available from http://futurehealth.ucsf.edu/ccph.htm]

Sigmon, R. (1979). "Service-learning: Three Principles." *Synergist* 8: 9-11.

Stanton, T. (1990). "Integrating Public Service with Academic Study: The Faculty Role." Providence, RI: Campus Compact.

Stanton, T. (1994). "The Experience of Faculty Participants in Instructional Development Seminar on Service-Learning." *Michigan Journal of Community Service Learning* 1: 7-20.

Strauss, A. & Corbin, J. (1990). *Basics of Qualitative Research: Grounded Theory Procedures and Techniques*. Newbury Park, CA: Sage Publications, Inc.

Ward, K. (1996). "Service-learning and Student Volunteerism: Reflections on Institutional Commitment." *Michigan Journal of Community Service Learning* 3: 55-65.

Warwick, D. P. & Lininger, C. A. (1975). *The Sample Survey: Theory and Practice*. New York: McGraw-Hill, Inc.

Wealthall, S., Graham, J. & Turner, C. (1998). "Building, Maintaining and Repairing the Community-Campus Bridge: Five Years' Experience of Community Groups Educating Medical Students." *Journal of Interprofessional Care* 12 (August) : 289-302.

Wechsler, A. & Fogel, J. (1995). "The Outcomes of a Service-Learning Program." *National Society for Experiential Education Quarterly* 21(4) : 6-7, 25-26.

Wholey, J. S., Hatry, H. P. & Newcomer, K. E. (eds.) (1994). *Handbook of Practical Program Evaluation*. San Francisco: Jossey-Bass Inc., Publishers.

Zlotkowski, E. (1999a). "Pedagogy and Engagement." In Bringle, R., Games, R. & Malloy, E.A. (eds.). *Colleges and University as Citizens*, p. 66-120. Boston: Allyn & Bacon.

Zlotkowski, E. (1999b). "A Service-Learning Approach to Faculty Development." In Howard, J. P. & Rhodes, R. (eds.). *Service Learning Pedagogy and Research*. San Francisco: Jossey-Bass Inc., Publishers.

Zlotkowski, E. (2000). "Service-Learning Research in the Disciplines." *Michigan Journal of Community Service Learning* Special Issue on Strategic Directions for Service Learning Research (Fall) : 61-67.

訳者解説

1. 原著への米国での評価とその動向

　原著は，刊行から14年を経過しているが，いまだにキャンパス・コンパクトのオンラインブックストアでは，ベストセラーに上がっている。サービスラーニングのアセスメント（評価）が現在でも高い関心を集め，また，同書が安定した効果測定のためのガイドブックとして認知されていることの証左といえよう。刊行直後には，*Michigan Journal of Community Service Learning* 誌において，書評が発表されている。DeZure は，「どの次元でアセスメント（評価）するのかという見極めと，アセスメント（評価）のための手段と手順を，本ハンドブックは与えてくれているので，大学がサービスラーニングの効果をアセスメント（評価）するためには，何をどのように取り組むところから始めたらいいのか，という場合に，とても役に立つ」(DeZure, 2002) と評価しつつも，方法論における技術的な指摘ではあるが，①指導に関するイデオロギーがバイアスの源泉になっていないか，②効果測定における自己申告への過度な信頼があるのではないか，③タスクが煩雑である，という3点を懸念している。それに対して，彼女は，①質問紙やインタビューにおいて中立的な言葉づかいに配慮すること，②ポートフォリオやピア評価など，他者を交えた相互評価により間主観化を促すこと，③サービスラーニングの実践の専門家とアセスメント（評価）の専門家との連携を構築すること，などの改善策を提案している。そして，「最善のアセスメント（評価）に求められるのは，積極的な参加である。アセスメント（評価）は，もちつもたれつの関係にある社会の要求と大学での教育とを調和するための新しい方法を表している。それは，私たちが何十年も取り組み続けるべき課題である」(Wright, 2000) と，アセスメント（評価）の意義を，多様な主体の参画と長期的なかかわりによる継続的なプログラム改善に資することである，と結んでいる。

原著が発表されて以降の米国のサービスラーニングに関する文献では，Civic Engagement に代わって，Community Engagement という言葉を多く見かける。詳細な検討は，別稿で行いたいと考えているが，大きな潮流としては，21世紀型スキル（21st Century Skill）の登場と無関係ではないだろう。また，2000年代に入り，サービスラーニングとシビックエンゲージメント（市民的社会参画）が推進される過程で，主に前者を担当する教学部門と，後者を担当する地域貢献部門とが連携や統合されたという事例*もみられる。2010年代に入り，米国教育省は，「民主主義における市民学習と参画の前進：行動のためのロードマップと契機」（U. S. Department of Education, 2012）のなかで，民主主義や市民社会というテーマを強調し，学際的な気づきと学びを与えるサービスラーニングという教育手法に改めてに期待感を表明している。さしあたりの理解として，米国においては，格差解消と社会的包摂への学生の気づきと学びを促進することに，依然として高い関心が向かっている。したがって，コミュニケーションや協働，チームワークを涵養するサービスラーニングに込められる意味合いは，単なる教育手法の域を越えて，社会の創造的変革の兆しを招来する運動としてとらえることができるであろう。わが国高等教育機関においても，サービスラーニングの意味や価値をとらえ返し，社会との関係性のなかで批判的思考を培う，より高い質の学習と実践を起こしていかねばならない。　　　（山田一隆）

2. 日本の大学教育における体験型学習への活用

　昨今，わが国の大学教育において，「経験」することから「学び」の機会を得る，という体験型学習方法が盛んである。それらのプログラムは，サービスラーニングをはじめ，インターンシップ，フィールド教育，ボランティア活動，コミュニティサービスと呼ばれている。どのプログラムにも共通しているのは，学生が大学のキャンパスを出た国内外の地域に身を置いて，その現場での経験から何かを学んでくる，ということだ。サービスラーニングの唱道者として知られる A. Furco は，サービスラーニングとは，ボランティア活動やインター

---

* たとえば，デンバー大学地域参画およびサービスラーニングセンター（Center for Community Engagement and Service-Learning, University of Denver）など。

ンシップなどと同じように「活動やサービスなどを通した経験から学ぶ活動」の一形態にすぎないと論じている (Furco, 1996)。つまり、これらの活動は、すべてが経験学習であり、これらの経験は誰にとって有益なのか、また何を焦点にするのかによって重きをおくものが変わるだけであり、かつ、それは、動的なものであって、その線引きにはあいまいなところもあるという。図は、Furco が service と learning の焦点と力点の置き方の差異に着目しつつ、類型化した5種類の「活動やサービスなどを通した経験から学ぶ活動」である。いずれの形態にあっても、経験学習の意義に濃淡が存在するものではない。

　大学教育としてこうした体験型学習プログラムの学びを探求する時、多くの場合、科目を担当する教員と当該科目を履修した学生の関係のみが注目されがちである。しかし、大学の教育プログラムに協力するフィールド（現場）には、必ずそのフィールドにキーパーソンやプログラムを運営している組織や団体の存在がある。受け入れ側の組織や団体が大学のプログラムをどのように見ているのか、どのような要望があるのか、そうした声を聴くこと、また話し合うことでプログラムの質が高まる。質が高まると、学習効果があがる、という好循環を生み出すことができる。

　さらに、大学の地域連携が昨今重要視されている。大学は立地している地域のニーズに対してどのように貢献できるのか、また地域の方々は大学という資源をどのように活用できるのか。少子高齢化の日本では、大学の存在意義をめ

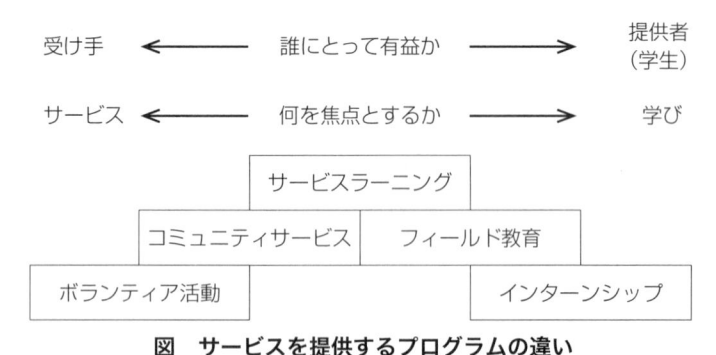

| 受け手 | ← 誰にとって有益か → | 提供者（学生） |
| サービス | ← 何を焦点とするか → | 学び |

```
            サービスラーニング
       コミュニティサービス  フィールド教育
   ボランティア活動              インターンシップ
```

図　サービスを提供するプログラムの違い
出典：Furco (1996) の Fig. 2 を筆者が翻訳して作成

ぐって大学と地域の関係は，今後ますます強く結びつくだろう。大学と地域が接近し，学生を派遣するという教育プログラムが介在して大学と地域が出逢うとき，本書は，こうした現場での声を聴くための一助となる。

　そのほか，キャンパスから出て大学教育プログラムを実施することについて，通常のキャンパス内の授業よりも手がかかるため，その運営や危機管理など大学当局の理解は必須である。また，こうした大学の体験型学習プログラムが成果を上げれば，それは大学の重要な広報のひとつとなるが，そうした体験型学習プログラムの成果を「見える化」し，大学執行部に対してプログラムの理解と学習成果を伝えるのに役立つ。科目を受講した学生の成績評価に活用されるよりも，もっと広い目的で活用することができるのである。

　私は大学で「インターンシップ」という科目を担当しているが，本書をぜひ活用していきたいと考えている。とくに大学が単位を付与する科目である以上，学生の就業体験としての意味にとどまらずさらなるリフレクション（省察）を促し，学生の受け入れ先との関係を構築し，プログラムの質の向上に努める必要があると考える。そして大学当局には，こうしたキャンパス外での経験からの学びの成果を「見える化」して伝えたい。

　大学の機能は，学生への教育，教員の研究，そして社会への貢献である。

　本書は，「序」にもふれられているように，経験教育全般への援用が期待されている。サービスラーニングにとどまらず，インターンシップ，フィールド教育，ボランティア活動，コミュニティサービスなど，さまざまな形態の体験型学習で活用できることを伝え，その普及を願うものである。　　（齋藤百合子）

3．社会参加型学習プログラムをアセスメントする

　本項では，実際にわが国で展開している社会参加型学習プログラムをケースとして，本書が提示するサービスラーニングの効果のアセスメント（評価）の枠組みを援用した取組みの概要を示す。本項は，アセスメント（評価）の結果を詳述するのではなく，すでに取り組まれている経験学習の形態をとる教育・学習活動への援用可能性と，実際の適用場面での実務上の工程を示すことに主眼を置いている。

(1) アセスメント活動に取り組む契機
　大学における社会参加型学習プログラムが，学生の市民的資質の向上，地域社会の持続的な発展，大学の社会的な貢献においてどのような影響をもたらしているかを測る枠組みや指標を求めていた。そのような時に，筆者が米国のキャンパス・コンパクトの研修会で本書に出会い，アセスメント（評価）に取り組むこととした。アセスメント対象としたプログラムはA大学が実施した，東日本大震災の復興支援とそのリフレクション（省察）活動である。

(2) ねらい
● A大学が行う東日本大震災の復興支援活動が，学生の学びと成長，開かれた大学づくり，震災からの復興過程にどのような影響をもたらしたのかを明らかにする。
● 活動の主体となる学生，地域社会，大学のニーズを把握し，的確な活動を展開する。

(3) 実施手順の概要

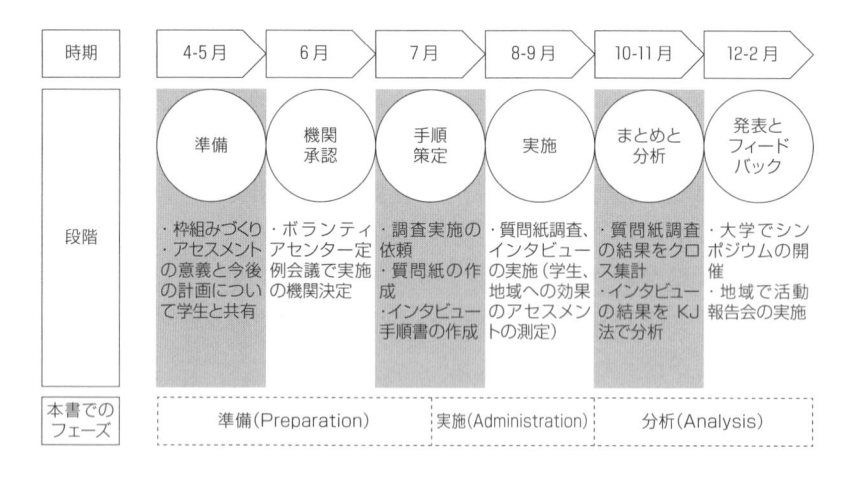

時期	4-5月	6月	7月	8-9月	10-11月	12-2月
段階	準備	機関承認	手順策定	実施	まとめと分析	発表とフィードバック
	・枠組みづくり ・アセスメントの意義と今後の計画について学生と共有	・ボランティアセンター定例会議で実施の機関決定	・調査実施の依頼 ・質問紙の作成 ・インタビュー手順書の作成	・質問紙調査、インタビューの実施（学生、地域への効果のアセスメントの測定）	・質問紙調査の結果をクロス集計 ・インタビューの結果をKJ法で分析	・大学でシンポジウムの開催 ・地域で活動報告会の実施
本書でのフェーズ	準備(Preparation)			実施(Administration)	分析(Analysis)	

(4) アセスメントの実施

　本書の枠組みを用いて，地域やプログラムの特徴を踏まえて検討し，独自の質問項目を作成した。

① 学生に対するアセスメント

【観点】活動と学びの関係，諸能力の向上，地域社会に関する意識と態度，キャリア形成との関係など

【方法】活動終了後にアンケートとインタビューを実施した。

【結果】●活動により，9割以上の学生が社会への問題意識が深まったとした。
　　　●学習意欲が向上した学生は全員であった一方，大学で学びたいテーマを見つけたとした学生は57％に留まった。活動と学術的な学びが連動し，循環していくようなプログラム発展が課題となった。
　　　●上記を解決するために，事前・事後学習会を工夫した。上級生が活動経験をゼミや卒業論文にどのようにつなげたのかを語る機会を設け，後輩がロールモデルを得られるようにした。

② 地域に対するアセスメント

【観点】地域内のつながりづくりへの効果，震災後の不安の軽減や意欲の向上，地域課題とニーズなど

【方法】アンケートの実施（C中学校の教諭，C中学3年生とその保護者）
　　　インタビューの実施（B町役場職員，中学校の教諭，PTA会長，保育園副園長，NPO代表，老人クラブ役員，自治会婦人会，寺の住職など）

【結果】●子どもの遊び場づくりや中学校での学習支援は，震災後のストレス軽減や学習意欲の向上に一定の効果があることがわかった。
　　　●被災状況の差によって生じた住民間の関係悪化が改善した。また，仕事を失った男性の外出のきっかけづくりなど，地域内の紐帯づくりへの効果があるといえる。
　　　●課題としてA大学の学生が展開する5つのプログラム間の連携をすることでさらなる効果を期待する声があった。そこで学生が連携する仕組みを作ることで，新たな企画を生み出し，地域内のつながりづくりへの工夫をした。

③ 大学に対するアセスメント
【観点】大学の教育理念の実現，学生の学び，大学の社会的評価への影響など
【方法】インタビューの実施（A大学の学長，副学長，学部長（一部のみ），学校法人A学院長）
【結果】●教育理念"Do for Others"の体現に貢献していると評価された。
　　　　●学生たちに身につけてほしいのは，問題発見と問題解決の力。そのためには学問との往復を，という学生への助言があった。活動と学術的な学びの循環が課題である。

(5) 本書を活用したアセスメントの意義
●プログラム実施の影響について，学生，地域社会，大学の3つの観点から考察することで，プログラム全体を俯瞰した意義や課題を明らかにできる。
●学生の学びへの効果と課題を理解することができ，大学としてどのように学生を育てていくべきか示唆が得られる。
●大学が行う社会参加プログラムがもたらす地域への影響を理解する手立てとなる。
●アセスメント実施により，ステークホルダー間の問題意識や課題を共有する基盤を得ることになり，相互理解と協力関係が強化される。

(市川享子)

【参考文献・サイト】
Center for Community Engagement & Service Learning (ND). *Center for Community Engagement & Service Learning / University of Denver.* http://www.du.edu/ccesl/index.html（2015年6月24日現在）
DeZure, D. (2002). "Assessing Service-Learning and Civic Engagement: Principles and Techniques." *Michigan Journal of Community Service Learning*, 8(2), 75-78.
Furco, A. (1996). "Service-Learning: A Balanced Approach to Experiential Education." *Expanding Boundaries: Serving and Learning.* Washington DC: Corporation for National Service. 2-6.
Partnership for 21st Century Learning (2009). *P21 Framework Definitions.* http://www.p21.org/storage/documents/docs/P21_Framework_Definitions_New_Lo-

go_2015.pdf(2015年6月24日現在)

The National Task Force on Civic Learning and Democratic Engagement (2012). *A Crucible Moment: College Learning and Democracy's Future.* Association of American Colleges and Universities. https://www.aacu.org/sites/default/files/files/crucible/Crucible_508F.pdf(2015年6月24日現在)

U. S. Department of Education (2012). *Advancing Civic Learning and Engagement in Democracy: A Road Map and Call to Action.* https://www.ed.gov/sites/default/files/road-map-call-to-action.pdf(2015年6月24日現在)

訳者あとがき

　私たちの取組みは，2011年2月に訳者の一人である市川が福井に提案し，他の訳者を巻き込みながら研究会の形で組成された。第1回目の研究会合は，翌月下旬に予定されたが，東日本大震災の発災によって延期され，半年後の同年10月に「サービスラーニング研究会」として実質的な活動を開始した。2か月に1度のペースで集まり，担当箇所を翻訳した原稿を持ち寄り，本書の中心的な概念を構成する単語を選び，訳者間でばらつきのある部分を議論しながら，訳語や含意をそろえていった。ただ，原著を読み進め，理解が深まるたびに，翻訳を通して学んだことや疑問に思ったことが次々と現れ，そうした作業も行きつ戻りつを繰り返した。訳者たちにとっては，この「行きつ戻りつ」が，それぞれの教育・研究実践の現場を豊かに省察する契機となり，また，新たな示唆を現場から得る，という好循環を生むことになった。

　この作業に並行して（というより，むしろ，本来の業務として），訳者の多くは，東日本大震災の復興支援の取組みに，それぞれの立場でかかわることになる。市川は，本書の分析枠組みを援用して，本務校での学生ボランティア派遣をめぐる効果測定を先導的に試みている。本書「訳者解説」では，その取組みの概要を紹介した。ただし，学生の学びと成長の詳細については，市川自身がさまざまな機会に紹介しているので，それらに譲り，ここでは，本書の分析枠組みを実際の業務のなかで運用するためには，どのような行動計画やワークフローを想定すればよいのかを，読者にイメージしてもらうことを念頭に記述している。それは，本書が「サービスラーニングや同様のプログラムにおける効果をアセスメント（評価）するため，十分に検証された一連の方略を提供する」（本書「序」）ことを企図しているからである。

　本書の刊行にあたり，学文社編集部の落合絵理さんには，翻訳原稿を丁寧かつ精密に整理いただき，核心を突く適切なコメントをいつも寄せていただいた。最初の原稿を見ていただいてから2年余り，その献身的なお仕事ぶりに感謝の

言葉もない。また，編集者とのやりとりの合間のわずかな間隙に翻訳原稿全文に目を通し，自己研鑽を兼ねて，校正を地道に支援してくれた立命館大学大学院言語教育情報研究科修了生の丹羽恵理さん，本書の刊行に期待を寄せ，勉強会や研究会合で，訳者たちにさまざまな機会を与えていただいた日本福祉教育・ボランティア学習学会の先生方，東京学芸大学，明治学院大学，日本福祉大学，関西国際大学，立命館大学，岡山大学の学生や教職員のみなさまに，記して謝意を表したい。

　本書の原稿は，この間の議論と担当訳者の意向を踏まえつつ，最終的には，山田が取りまとめ推敲した。したがって，本書における誤解や誤訳，構成や編集，訳語の統一などでの不行き届きの一切は，監訳者の山田の責に帰するものである。読者のみなさまのご叱正を真摯に受け止めたい。

　わが国のサービスラーニングをはじめとした経験教育，実践知教育が前進し，学生の学びと成長を増進することに，また，大学の社会連携・地域連携が地域経済社会に果実をもたらすことに，本書が微力を果たすことができれば，望外の喜びである。

2015年6月

訳者を代表して　山田　一隆

【訳者紹介】(執筆順)

中原 美香(なかはら みか)(「序」担当)
現在―明治学院大学ボランティアセンターコーディネーター／NPOリスク・マネジメント・オフィス代表
専門―NPOマネジメント，人権，CSR，フィランソロピー，市民運動，ソーシャルビジネス
略歴―米国・クレアモント大学院大学政治経済研究科修士課程修了（専攻：国際研究）。日米でのNPO勤務を経て，2000年12月にNPOリスク・マネジメント・オフィス設立，よりよい社会を創りたい人たちを応援して現在に至る。2012年4月からは明治学院大学ボランティアセンターでコーディネーターとして，若者の育成にも挑戦中。

福井 里江(ふくい さとえ)(「アセスメント（評価）の原則と方略：概説」担当)
現在―東京学芸大学教育学部准教授
専門―心理療法，心理アセスメント，プログラム評価
略歴―東京大学大学院医学系研究科精神保健学専攻単位取得済退学（博士（保健学））。心の内に生きづらさを抱えていたとしても自分らしい生活や人生を送ることができるという「リカバリー」という立場に立ち，当事者とそれを取り巻く人たちのサポートに，研究と実践の両面から取り組んでいる。プログラム評価においては，評価にかかわった人たちの間で共通理解が深まり，取組みの実質的な改善につながるような評価活動の実践を心がけている。

市川 享子(いちかわ きょうこ)(「学生への効果」担当)
現在―明治学院大学ボランティアセンターコーディネーター，明治学院大学法学部非常勤講師／慶應義塾大学SFC研究所上席所員
専門―ボランティア学習，地域協働
略歴―上智大学大学院文学研究科博士前期課程修了。慶應義塾大学大学院政策・メディア研究科博士後期課程単位取得退学（専攻：地域協働）。大学生の学びの場をキャンパス内から実社会に広げ，学生が経験から学びを深める学習プログラムの開発に，実践と研究から取り組んでいる。現在は，「創造的なリフレクションを生成する場の形成」に関して研究している。

山田 一隆(やまだ かずたか)(「大学教員への効果」，「方法と分析」，監訳担当)
現在―岡山大学地域総合研究センター准教授
専門―サービスラーニング，地域コーディネート論
略歴―大学院生時代に，地域と大学をつなぎ，新たな付加価値を創造する営みに惹かれ，以降，建設系コンサルタント会社，大学教員，大学職員を流転するも，一貫して「つなぎ」の仕事に従事。現在は，実践活動とともに，「サービスラーニングの普及と改善に寄与するマルチステークホルダーによる評価に関する実践的研究」に取り組んでいる。

村上 徹也(むらかみ てつや)(「地域への効果」担当)
現在―市民社会コンサルタント／日本福祉大学全学教育センター教授
専門―ボランティア，福祉教育，サービスラーニング(SL)
略歴―東京都出身。1989年から日本青年奉仕協会職員。2002年から2年間，米国にてSLを研究。現在，SL，ボランティア活動，市民活動のコンサルタントとして活動。その他，日本福祉大学教授として災害ボランティアセンター，SL，ボランティア論，福祉NPO論などを担当，公職として東京都生涯学習審議会委員など。

齋藤 百合子(さいとう ゆりこ)(「大学機関への効果」担当)
現在―明治学院大学国際学部准教授
専門―国際開発学
略歴―明治学院大学ボランティアセンター長補佐（2012-13年度）を務め，学部ではインターンシップやフィールドスタディ（タイ，カンボジア，ミャンマー）の科目を担当。インターンシップは国内外，長期と短期のプログラムに学生を送り出す。海外体験学習のリスクマネジメントのエキスパートとして，他大学でのアドバイスにも積極的に応じている。

【著者紹介】

シェリル・ゲルモン（Sherril Gelmon, Dr. P. H.）
博士（公衆衛生学）。ポートランド州立大学の公衆衛生担当教授であり，キャンパスコンパクトのアセスメント（評価）に関する研究に従事。これまでに，保健福祉サービス管理教育認証委員会事務局長，トロント大学医学部企画政策部門コーディネータを歴任。彼女の学術的関心は，地域に根差した学習，地域と大学との連携に関する高等教育の評価，および，専門家教育と保健人材育成における改善理論の適用。

バーバラ・A・ホランド（Barbara A. Holland, Ph. D.）
博士（高等教育政策）。インディアナ大学-パデュー大学インディアナポリス校の上級教授であり，2000-01年には，米国住宅都市開発省で，大学とのパートナーシップオフィスの客員代表を務めた。これまでに，ノーザンケンタッキー大学，ポートランド州立大学で幹部職を歴任。彼女の学術的関心は，高等教育における戦略的計画と組織変更，市民的社会参画戦略の実装と評価。

エイミー・ドリスコル（Amy Driscoll, Ed. D.）
博士（教育学）。カリフォルニア州立大学モントレーベイ校の高等教育研究開発センター所長であり，ポートランド州立大学地域連携センターの前所長。社会参画のためのイースト・ウエスト・クリアリングハウス，および，社会参画のための奨学金全米審査委員会の共同代表を務める。彼女の専門分野は，成果ベースの教育とアセスメント（評価），成果と教育手法との関係，授業研究。

エイミー・スプリング（Amy Spring, M. P. A.）
修士（行政学）。ポートランド州立大学ラーン・アンド・サーブの副代表として，学生や大学教職員，地域のパートナーとともに，サービスラーニング活動を通して，学生のリーダーシップ育成の機会を提供。彼女は，サービスラーニング活動のアセスメント（評価）や，地域での貢献活動に関する教員や学生の獲得と能力開発をコーディネート，関連する助成金のいくつかも管理。

シーナ・ケリガン（Seanna Kerrigan, M. Ed.）
修士（教育学）。ポートランド州立大学上級キャップストーンプログラムの代表として，教員と地域組織との協働事業に従事。以前に，オハイオ大学，ジョン・キャロル大学，ライス大学で，学生部門や教学部門の役職を歴任。彼女の専門分野は，成人教育，地域に根差した学習，アセスメント（評価），地域と大学との連携。

社会参画する大学と市民学習——アセスメントの原理と技法——

2015年9月15日　第1版第1刷発行

著　者　S. ゲルモン　B. A. ホランド
　　　　A. ドリスコル　A. スプリング
　　　　S. ケリガン

監訳者　山田　一隆

発行者　田中　千津子

発行所　株式会社　学文社

〒153-0064　東京都目黒区下目黒3-6-1
電話　03（3715）1501（代）
FAX　03（3715）2012
http://www.gakubunsha.com

©Kazutaka YAMADA 2015　Printed in Japan
乱丁・落丁の場合は本社でお取替えします。
定価は売上カード，カバーに表示。

印刷　新灯印刷

ISBN 978-4-7620-2561-7